Informatik im Fokus

Weitere Titel der Reihe Informatik im Fokus:
http://www.springer.com/series/7871

Iman Bashiri · Christoph Engels ·
Marcus Heinzelmann

Strategic Alignment

Zur Ausrichtung von Business, IT und Business Intelligence

Springer

Iman Bashiri
Isolde-Kurz-Str. 146
48161 Münster
Bashiri.Iman@gmail.com

Prof. Dr. Christoph Engels
Emil-Figge-Str. 42
44227 Dortmund
christoph.engels@fh-dortmund.de

Marcus Heinzelmann
Nordkanalallee 44
41464 Neuss

Herausgeber:
Prof. Dr. O. Günther
Humboldt-Universität zu Berlin

Prof. Dr. R. Lienhart
Universität Augsburg

Prof. Dr. W. Karl
Universität Karlsruhe (TH)

Prof. Dr. K. Zeppenfeld
Hochschule Hamm-Lippstadt

ISSN 1865-4452
ISBN 978-3-642-11437-3
DOI 10.1007/978-3-642-11438-0
Springer Heidelberg Dordrecht London New York

e-ISSN 1865-4460
e-ISBN 978-3-642-11438-0

Die Deutsche Nationalbibliothek verzeichnet diese Publikation in der Deutschen Nationalbibliografie; detaillierte bibliografische Daten sind im Internet über http://dnb.d-nb.de abrufbar.

Einbandentwurf: KuenkelLopka GmbH, Heidelberg

Gedruckt auf säurefreiem Papier

Springer ist Teil der Fachverlagsgruppe Springer Science+Business Media (www.springer.com)

Kurzfassung

In den vergangenen Jahren hat der Einsatz von IT in der Geschäftswelt kontinuierlich an Bedeutung gewonnen. Sie unterstützt das Business bei ihren Geschäftsprozessen und schafft dem Management auf Basis von Informationsbeschaffungen und -aufbereitungen die Entscheidungsgrundlage für die Unternehmenssteuerung. Darüber hinaus setzen sich aktuell unter dem Oberbegriff Business Intelligence zunehmend Methoden und Werkzeuge der systemgestützten Unterstützung der Geschäftsanalytik durch.

Vor diesem Hintergrund wird dem Strategic Alignment eine Schlüsselrolle bei der Ausrichtung der Business- und IT-Strategie zugesprochen. Wissenschaftliche Studien identifizieren es als eine aktuelle Top-Disziplin des Managements, die maßgeblich zur Schaffung von Wettbewerbsvorteilen, der IT-bezogenen Business Value Generierung und der Steigerung der Unternehmensperformance beitragen kann.

Allerdings erweist sich das Thema in der Praxis als ein komplexes und von vielen Faktoren abhängiges Vorhaben. Vielen Unternehmen gelingt es gegenwärtig nicht, ein anhaltendes Alignment in ihrer Organisation und in ihren Abläufen zu etablieren. Auch bisherige Verfahren zur Adressierung und Steuerung der Thematik konnten sich im praktischen Alltag bislang kaum durchsetzen.

In diesem Zusammenhang befasst sich das vorliegende Buch mit dem State-of-the-Art des strategischen Alignments und entwickelt auf Basis erprobter Instrumente und methodischer Ansätze der Forschung und Praxis ein Vorgehensmodell zur Unterstützung dieses Prozesses. Mit Hilfe von bewährten Werkzeugen der klassischen Unternehmenssteuerung soll dabei ein ganzheitliches Vorgehen geschaffen werden, dass eine praxistaugliche Anwendbarkeit und Erreichbarkeit des Alignments auf konzeptioneller Basis ermöglicht.

Zudem werden die Betrachtungen auf das Themengebiet der Business Intelligence ausgeweitet. Als spezielle Ansatzpunkte für die strategische Business-BI Ausrichtung werden insbesondere die Gestaltungsfelder BI-Strategie, BI-Governance und BI-Competence Center identifiziert und auf ihre Alignment-gerechte Ausgestaltung hin untersucht.

Drei Fallstudien über die Alignment- und BI-Programme von Marriott International, Capital One und Volkswagen zeigen anhand von realen Praxisbeispielen, wie das Business, die IT und die BI angesichts ihrer strategischen Ausrichtung geplant, realisiert und koordiniert werden können.

Abstract

In recent years, the use of Information Technology gained continuously in significance for the business. The IT supports the business in their processes and provides a basis of decision-making by an adequate procurement and preparation of information. Beyond that, some tools and methods are emerging under the generic term of Business Intelligence that allow system-based support of business analytics.

On this basis, Strategic Alignment is identified as playing a key role in aligning business goals and IT strategy. Several academic studies revealed that alignment is a top-ranked management concern that leads to competitive advantages, generates IT-related Business Value and impacts the firm performance.

However, Strategic Alignment appears to be quite complex that depends upon several factors. Many enterprises do not succeed in establishing a sustained alignment in their organization and their processes. Moreover, previous models for the management of the issue hardly succeed in the practical business use.

In this context, this book deals with the state-of-the-art of the Strategic Alignment and proposes a procedure model on the basis of proven tools and methodological approaches of research and practice. By integrating established methods of the classic management control, the aim of the model is to provide a holistic roadmap that allows a practice-suited applicability on a conceptual level.

In addition, this study extends the examination of Strategic Alignment beyond the scope of Business Intelligence. As a specific starting point for the Strategic BI Alignment, the specific areas of BI strategy, BI governance and BI competence center are investigated towards an appropriate conception.

Based on the example of the alignment and BI programs of Marriott International, Capital One and Volkswagen, these three case studies present how the business, IT and BI can be planned, implemented, and managed at the sight of a Strategic Alignment.

Inhaltsverzeichnis

Abkürzungsverzeichnis

BARC Business Application Research Center

BI Business Intelligence

BICC Business Intelligence Competence Center

biMM Business Intelligence Maturity Model

BSC Balanced Scorecard

BTM Business Technology Management

CEO Chief Executive Officer

CIO Chief Information Officer

CMM Capability Maturity Model

CRM Customer Relationship Management

CTO Chief Technology Officer

EBITD Earnings Before Interest, Taxes, Depreciation

EPK Ereignisgesteuerte Prozesskette

EPS Earnings per Share

GuV Gewinn- und Verlustrechnung

ICR Information Capital Readiness

IT Informationstechnologie

IS Information Systems

KPI Key Performance Indicator

OLAP Online-Analytical-Processing

PIO Process Integration Officers

ROA Return On Assets

ROE Return On Equity

ROI Return On Investement

SAM Strategic Alignment Model

SAMM Strategic Alignment Maturity Model

SGE Strategische Geschäftseinheit

SGF Strategisches Geschäftsfeld

SLA Service-Level-Agreement

SLM Service-Level-Management

WKD Wertschöpfungskette

Abbildungsverzeichnis

Tabellenverzeichnis

1 Einleitung

1.1 Problemstellung

Rückblickend auf die vergangenen Jahrzehnte hat sich ein deutlicher Wandel im Unternehmensalltag vollzogen. Mit Einführung der Computer zur Unterstützung der Geschäftstätigkeiten in den siebziger Jahren und der Durchsetzung des Internets in den neunziger Jahren des letzten Jahrhunderts hat der Einsatz von Informationstechnologie (IT) in der Geschäftswelt kontinuierlich an Bedeutung gewonnen. In der heutigen Zeit findet die IT ihren Einsatz entlang der gesamten Wertschöpfungskette: Sie unterstützt das Business bei seinen Geschäftsprozessen und schafft dem Management auf Basis von Informationsbeschaffungen und -aufbereitungen die Entscheidungsgrundlage für die Unternehmenssteuerung.

Vor diesem Hintergrund hat sich auch die systemgestützte Anwendung von Geschäftsanalytiken, auch Business Intelligence (BI) genannt, entwickelt. Fortschreitende Softwaretechnologien (z.B. Datenbanken, Data Warehouses) und Hardwaretechnologien (z.B. steigende Datenhaltungskapazitäten, Rechnerperformance) ermöglichen es, unter Einsatz von geschäftsbezogenen Analysemetriken das steigende Datenaufkommen nicht nur zu bewältigen, sondern ihm gewinnbringende Informationen zu entnehmen.

I. Bashiri et al., *Strategic Alignment*, Informatik im Fokus,
DOI 10.1007/978-3-642-11438-0_1, © Springer-Verlag Berlin Heidelberg 2010

Der vermehrte Einsatz von IT zieht jedoch auch gestiegene Aufwände in Form von finanziellen, zeitlichen und organisatorischen Ressourcen nach sich. Hier drängt sich immer stärker die Frage auf, inwieweit Kosten und Nutzen im Verhältnis zueinander stehen.

"Does IT Matter" (vgl. [Carr04])? Diese von Nicholas G. Carr kritisch in den Raum gestellte Frage löst unter zahlreichen Wissenschaftlern und Fachexperten eine kontroverse Debatte über die Relevanz und die Auswirkungen der IT aus. Die entstandene Diskussion ist mit ein Beleg für die stets vorhandene Uneinigkeit darüber, inwiefern die IT am Unternehmenserfolg beteiligt ist und wie ihr Einsatz optimal genutzt werden kann [Hofbauer06]. Generell überwiegt zwar die Ansicht, dass die IT ein hohes Potenzial als strategischer und erfolgskritischer Wettbewerbsfaktor in sich birgt (vgl. [Melville04]), allerdings gelingt es vielen Unternehmen nicht, sie optimal auf eine Wertsteigerung auszurichten [Accenture02].

In diesem Kontext wird Strategic Alignment nicht nur als eine aktuelle Top-Disziplin des Managements gehandelt (vgl. z.B. [Luftman04, McAdams06], ihr wird auch eine Schlüsselrolle bei der Business Value Generierung zugesprochen (vgl. z.B. [Tallon07, Smith07]). Ein Strategic Alignment zielt darauf ab, eine gemeinsame Ausrichtung von Unternehmens- und IT-Strategie zu schaffen. Dadurch soll ein Zustand erreicht werden, in der die geschäftlichen Anforderungen optimal von der IT unterstützt werden und daraus nachhaltige Wettbewerbsvorteile [Kearns01, Henderson93], Performance- [Chan06, Tallon07] und Wertsteigerungen [Henderson93, Tallon03] resultieren.

Erste methodische Verfahren zur Adressierung des Alignments wurden bereits aus der Forschung heraus vorgeschlagen (z.B. Strategic Alignment Model [Henderson93], MIT90 s Framework, Unified Framework for Alignment [Maas00]). Diese Rahmenmodelle konnten bisher allerdings entweder nur rudimentär bestätigt werden [Teubner06] oder fanden schlichtweg kaum Beachtung in der Praxis. Daher bedarf das Forschungsfeld der Business und IT Ausrichtung auch weiterhin besonderer Aufmerksamkeit.

1.2 Zielsetzung und Vorgehen

In einem ersten Schritt wird ein Vorgehensmodell für das Strategic Alignment vorgeschlagen, das sich auf bewährte Instrumente und methodische Ansätze aus Forschung und Praxis stützt. In dem Rahmenwerk sollen dabei insbesondere bewährte Werkzeuge der klassischen Unternehmenssteuerung ihre Anwendung finden. Auf diese Weise soll – zumindest auf konzeptioneller Basis – eine fundierte Grundlage für eine praxistaugliche Anwendbarkeit des Vorgehens erreicht werden.

Ein weiterer Fokus des Buches weitet anschließend die Betrachtungen auf das Themengebiet der BI aus, insbesondere in Hinblick auf spezielle Ansatzpunkte für die strategische Business-BI Ausrichtung, die in der wissenschaftlichen Literatur bisher kaum ergründet wurde.

Damit sieht das zweite Kapitel dieses Buches zu Beginn einen detaillierten Überblick über den State-of-the-Art des Strategic Alignments vor. Hierzu werden zuerst die wesentlichen Komponenten der *Unternehmens-* und der *IT-Strategiefindung* vorgestellt. Neben einer kurzen Abgrenzung der strategischen Ausrichtung von weiteren

Alignment-Disziplinen werden relevante Grundlagen und aktuelle Einsichten zum Strategic Alignment besprochen. Dazu befasst sich dieses Buch mit Fragestellungen zum *Business Value* und zu potentiellen *Erfolgsfaktoren* des Alignment-Prozesses. Darüber hinaus werden mit dem *Strategic Alignment Model* und dem *Strategic Alignmnent Maturity Model* zwei wissenschaftliche Ansätze präsentiert, die die Einflussbeziehungen des Alignments abbilden und theoretische Verfahrensweisen zu ihrer Behandlung vorschlagen.

Das dritte Kapitel befasst sich mit der Konzipierung eines praxisrelevanten *Vorgehensmodells für das Strategic Alignment*. Aufbauend auf die Überlegungen von Horváth & Partners zum Business-IT Alignment setzt sich der Ansatz aus bewährten Elementen aus Praxis und Wissenschaft zusammen. Die Intention zielt dabei auf die Schaffung eines ganzheitlichen Rahmens für das Strategic Alignment.

Im vierten Kapitel wird die Betrachtung schließlich auf die BI ausgedehnt. Zu diesem Zweck werden zum einen die elementaren Grundlagen der BI besprochen, zum anderen werden im Kontext des Alignments die Gestaltungsfelder *BI-Strategie*, *BI-Governance* und *BI-Competence Center* ausführlich behandelt.

Im Anschluss werden im fünften Kapitel einige Fallstudien aus der Praxis vorgestellt. Die Beispiele von *Marriott International* und *Capital One* zeigen, wie zwei international operierenden Unternehmen sich dem Thema Alignment annehmen und welche Maßnahmen sie diesbezüglich ergreifen. Die Fallstudie der *Volkswagen AG* veranschaulicht des Weiteren eine strategische BI-Initiative aus der aktuellen Praxis.

Den Abschluss findet das Buch im fünften Kapitel mit einem *Fazit und Ausblick*. In dem Rahmen werden die wichtigsten Erkenntnisse nochmals zusammengefasst und zukünftige Gestaltungsfelder für die Forschung abgeleitet.

2 Strategic Alignment

Das folgende Kapitel gibt einen Überblick über den State-of-the-Art des Strategic Alignments. Neben der Erläuterung der wesentlichen Grundlagen und einer Abgrenzung des Themas zum Business-IT Alignment, wird Bezug genommen auf das Wertpotential und den möglichen Einflussfaktoren des Betrachtungsgegenstands. Darüber hinaus werden zwei bekannte Modelle der Forschung für die strategische Unternehmens- und IT-Ausrichtung vorgestellt.

2.1 Strategiefelder

Die beim Strategic Alignment vornehmlich betrachteten Strategiefelder lassen sich nach Unternehmens- und IT-Strategie aufteilen.

2.1.1 Unternehmensstrategie

Begriffsherkunft

Der Begriff Strategie besitzt seinen Ursprung im griechischen Ausdruck „strategos" und bezeichnet die „Kunst der Heerführung" [Huelsmann03, Hungenberg08],

I. Bashiri et al., *Strategic Alignment*, Informatik im Fokus,
DOI 10.1007/978-3-642-11438-0_2, © Springer-Verlag Berlin Heidelberg 2010

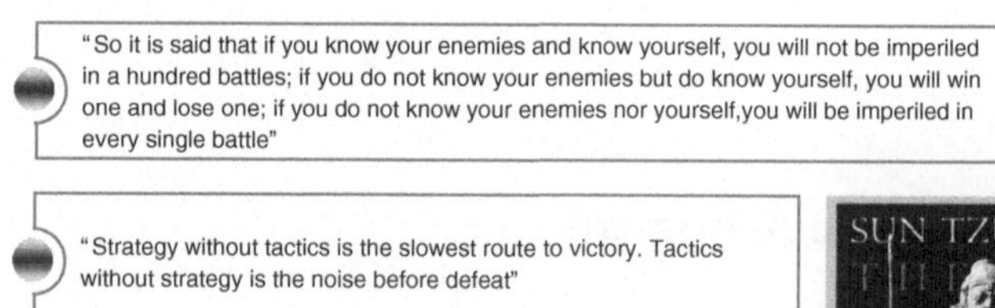

Abb. 2.1: Sun Tzu über Strategie
Quelle: [Tzu71]

wonach die Abstammung des Terminus sich aus dem militärischen Kontext herleiten lässt. Die ersten bekannten Überlieferungen militärischer Strategien stammen von dem chinesischen General Sun Tzu (ca. 500–540 v. Chr.).

Seine Ausführungen zur taktischen Kriegsführung beeinflussten nicht nur Heeresverbände und militärische Literaturwerke, sie wurden auch auf wirtschaftliche, politische und psychologische Zusammenhänge übertragen und sind teilweise noch heute in der Geschäftswelt von Belang [Tzu71].

Im 19. Jahrhundert prägte dann vor allem der preußische Generalmajor Claus von Clausewitz den Begriff Strategie für den militärischen Sprachgebrauch. Er definierte Strategie als „die Lehre vom Gebrauch der Gefechte zum Zweck des Krieges; sie muss also dem ganzen kriegerischen Akt ein Ziel setzen" [vClausewitz1832]. Analog zu Sun Tzu

> „Die beste Strategie ist, immer recht stark zu sein, erstens überhaupt und zweitens auf dem entscheidenden Punkt. Daher gibt es kein höheres und einfacheres Gesetz für die Strategie, als seine Kräfte zusammenzuhalten.“

> Die Strategie „entwirft den Kriegsplan, und an dieses Ziel knüpft sie die Reihe der Handlungen an, welche zu demselben führen sollen, d. h. sie macht die Entwürfe zu den einzelnen Feldzügen und ordnet in diesen die einzelnen Gefechte an.“

> „Die Strategie ist der Gebrauch des Gefechts zum Zweck des Krieges; sie muß also dem ganzen kriegerischen Akt ein Ziel setzen“

Abb. 2.2: Claus von Clausewitz über Strategie
Quelle: [vClausewitz1832]

zeigen die Formulierungen von von Clausewitz ebenfalls prinzipielle und konzeptionelle Übereinstimmungen von Krieg und Wettbewerb, Militär- und Unternehmensstrategie auf.

Der endgültige Eintritt der Strategie in die Geschäftswelt vollzog sich Mitte des 20. Jahrhunderts: Steigender Konkurrenzdruck und stetig variierende Marktanforderungen, verbunden mit der zunehmenden Verknappung von Ressourcen und Gütern, bedingten in den fünfziger Jahren die Notwendigkeit von langfristigen Planungsentscheidungen für die Unternehmen. An Bedeutung für die Betriebswirtschaftslehre gewann das Thema Strategie insbesondere „in den 60er Jahren durch die Publikationen von Chandler (vgl. [Chandler62]), Ansoff (vgl. [Ansoff65]), Learned et al. (vgl. [Learned65]) und Andrews (vgl. [Andrews71])“ [Burmann02], sowie „der Einführung von Policy-Kursen an der Harvard Business School“

[Huelsmann03]. Daraus erfolgte die zunehmende Auseinandersetzung der Forschung und Praxis mit Fragen wie „What is strategy?" (vgl. [Porter08]) oder „How to plan and execute a strategy?".

Begriffsdefinition

Beim Versuch, Strategie zu definieren, stößt man in der Literatur auf eine Vielzahl von Definitionen (siehe Tabelle 2.1). Chandler definiert Strategie als "the determination of the basic longterm goals and objectives of an enterprise, and the adoption of courses of action and the allocation of resources necessary for carrying out these goals" [Chandler62]. Ähnlich sieht Simon Strategie als „die Kunst und die Wissenschaft, alle Kräfte eines Unternehmens so zu entwickeln und einzusetzen, dass ein möglichst profitables, langfristiges Überleben gesichert wird" [Simon01]. Porter dagegen betrachtet Strategie als ein Bündel von gut gemachten und sich wechselseitig ergänzenden Tätigkeiten eines Unternehmens, zur Schaffung einer einzigartigen und werthaltigen Marktposition [Porter08]. Auch Henderson bezieht die Kernessenz der Unternehmensstrategie auf den Unternehmenswettbewerb und befindet, dass eine langfristige Businessstrategie in der Steuerung und Aufrechterhaltung der einzigartigen Vorzüge eines Unternehmens besteht, welche es von seinen Mitbewerbern differenzieren [Henderson80].

Die Vielzahl der unterschiedlichen Auffassungen (siehe Tabelle 2.1) zu dem Thema verdeutlicht, „dass Strategie sehr komplex und umfassend ist" [Simon01].Aus diesem

Tabelle 2.1: Strategiedefinitionen

[Andrews71]	"Strategy is a pattern of objectives, purposes or goals and the major policies and plans for achieving these goals, stated in such a way as to define what business the company is in or is to be in and the kind of company it is or is to be."
[Chandler62]	"Strategy can be defined as the determination of the basic longterm goals and objectives of an enterprise, and the adoption of courses of action and the allocation of resources necessary for carrying out these goals."
[Henderson80]	"All competitors who persist over time must maintain a unique advantage by differentiation over all others. Managing that differentiation is the essence of long-term business strategy. "
[Kaplan96]	"A strategy is a set of hypotheses about cause and effect."
[Ohmae91]	"Strategy is the way in which a corporation endeavours to differentiate itself positively from its competitors, using its relative strengths to better satisfy customer needs."

Tabelle 2.1: (continued)

[Porter08]	"Eine Strategie schafft eine einzigartige und werthaltige Marktposition durch eine bestimmte Kombination von Angeboten." "Strategie sorgt dafür, dass alle Tätigkeiten in einem Unternehmen aufeinander abgestimmt sind. Ihr Erfolg hängt davon ab, dass viele Dinge – nicht nur einige wenige – gut gemacht werden und sich wechselseitig ergänzen. Ohne Feinabstimmung ergibt sich keine unverwechselbare Strategie und schwerlich eine dauerhafte Marktstellung. "
[Simon01]	"Strategie ist die Kunst und die Wissenschaft, alle Kräfte eines Unternehmens so zu entwickeln und einzusetzen, dass ein möglichst profitables, langfristiges Überleben gesichert wird"

Grund sieht Mintzberg die Notwendigkeit mehrerer Definitionen zur Erläuterung des Strategiebegriffs [Mintzberg87]. In seinen „Five Ps For Strategy" unterscheidet er die

1. **Strategie als Plan (Plan)**

   Die Strategie ist bewusst geplant und Tätigkeiten werden gezielt unternommen, um eine Situation zu meistern.

2. **Strategie als List (Ploy)**

   In diesem Kontext werden unter Strategie bestimmte Manöver verstanden, die das Ziel verfolgen, die Konkurrenz zu überlisten und die eigene Marktposition zu stärken.

3. **Strategie als Muster (Pattern)**

   Die Strategie ist ein Muster in einem Strom von Entscheidungen. Ein Muster wird in diesem Kontext als „ein über die Zeit hinweg konsistentes Verhalten" [Mintzberg02] verstanden.

4. **Strategie als Position (Position)**

   Die Strategie zielt auf „die Positionierung bestimmter Produkte auf bestimmten Märkten" [Mintzberg02] ab. Im Mittelpunkt der strategischen Positionierung steht die Frage, wie „eine einzigartige und werthaltige Marktposition durch eine bestimmte Kombination von Angeboten" [Porter08] geschaffen werden kann.

5. **Strategie als Perspektive (Perspective)**

> Die Strategie als Perspektive reflektiert „die grundlegende Art und Weise, wie eine Organisation agiert" [Mintzberg02]. Beeinflusst wird das strategische Handeln dabei durch das „kollektive, implizit vorhandene strategische Bewusstsein der Organisationsmitglieder" [Wunder04] und den Visionen des Unternehmens.

Die fünf Mintzbergschen Definitionen schließen sich gegenseitig nicht aus, vielmehr ergänzen sie einander, um eine sinngemäße Beschreibung des Begriffs zu ermöglichen. Für ein umfassendes Verständnis und eine angemessene Steuerung sind alle Betrachtungsperspektiven zu berücksichtigen, da zwischen diesen eine Wechselbeziehung besteht.

Weiterhin konstatiert Mintzberg, dass realisierte Strategien in den seltensten Fällen vollständig bzw. exakt in der auftretenden Ausgestaltung beabsichtigt wurden. Aus den *beabsichtigten Strategien* entspringen im Verlauf des Strategieprozesses zum einen die *unrealisierten Strategien* – Strategien die trotz ursprünglicher Planung verworfen bzw. nicht umgesetzt wurden – und die *bewussten Strategien*. Nach Mintzberg setzt sich die *realisierte Unternehmensstrategie* zusammen aus den bewussten Strategien, aber auch aus den „sich herausbildenden" [Mintzberg02] Strategien (vgl. Abb. 2.3). Letztere sind Strategien, die ursprünglich nicht geplant waren, dennoch in die realisierte Strategieumsetzung eingeflossen sind, beispielsweise ausgelöst durch unvorhergesehene Chancen, Risiken, etc.

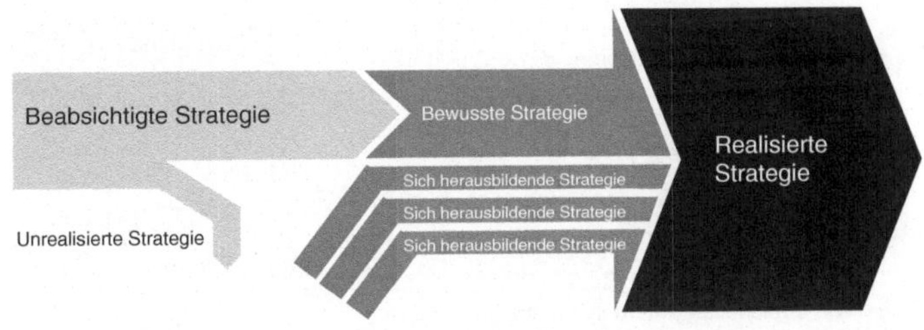

Abb. 2.3: „Bewusste" und „Sich herausbildende Strategien"
In Anlehnung an: Quellen: [Mintzberg87]

Bestandteile einer Strategie

Eine Strategie muss vor ihrer Erstellung geplant und auf ihre Nachhaltigkeit abgestimmt werden. Sie muss dabei vor allem interne und externe Unternehmensfaktoren berücksichtigen, die für den Erfolg von Belang sind. Für die wirksame Ableitung einer Unternehmensstrategie sieht Wichelhaus die Einbeziehung von fünf Grundfragen als erforderlich an (vgl. [Wichelhaus08], Abb. 2.4).

Demnach sollte eine Strategiefindung die strategische Ist-Position und die Identifikation von Kundengruppen und -wünschen [Wichelhaus08] in Betracht ziehen. Die dritte Frage steht im Zusammenhang zu den Visionen des Unternehmens, welche den „Entwurf für die Zukunft des Unternehmens, ausgehend von der Gegenwart" [Beims08] darstellen. Der Zweck einer Strategie ist es, die gesetzten Visionen zu realisieren. Daher müssen geeignete Maßnahmen vorgesehen werden, um die in der Vision definierte strategische Soll-Position zu erreichen. Die Erreichung der

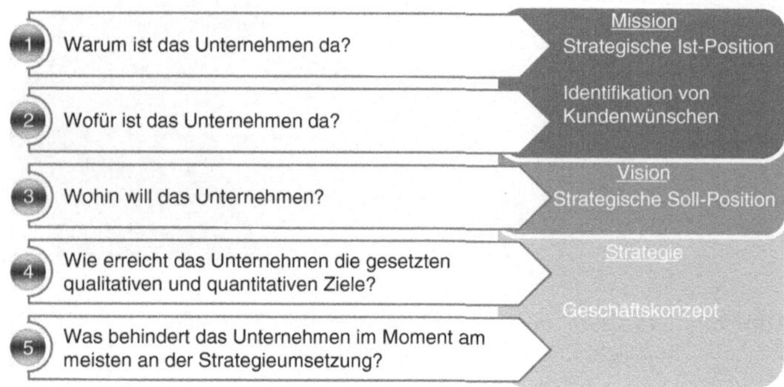

Abb. 2.4: Fünf Grundfragen der Unternehmensstrategie
Nach Quelle: [Wichelhaus08]

qualitativen und quantitativen Ziele anhand von geeigneten Umsetzungsmaßnahmen ist ein weiterer Bestandteil
der Strategieableitung in der vierten Frage. Die fünfte
Frage beschäftigt sich abschließend mit aktuellen Hin-
dernissen der Strategieumsetzung. Der Fokus liegt dabei zunächst auf der Feststellung von Barrieren für die
effektive und effiziente Umsetzung und der Folgerung
angemessener Handlungswege.

Die Strategieentwicklung

Der Prozess von der Planung einer Strategie bis hin zu
ihrer Realisierung ist Bestandteil der strategischen Unternehmensführung und wird in der Literatur vorwiegend
unterteilt in die Phasen *Zielbildung, Strategische Analyse, Strategieformulierung* und *Strategieimplementierung* (z.B.
[Quarg07, Goerlitz05]). Abbildung 2.5 stellt die logische

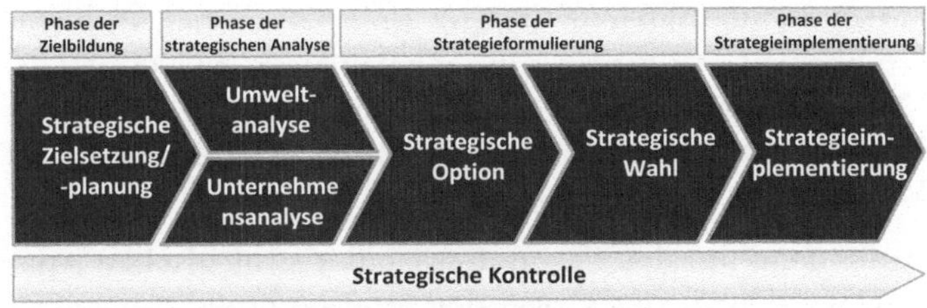

Abb. 2.5: Grundkonzept der strategischen Unternehmensführung
In Anlehnung an: Quellen: [Quarg07]

Aufeinanderfolge der einzelnen Phasen dar. Jeder Phasenabschnitt wird begleitet von der *Strategischen Kontrolle*, mit Hilfe derer die Aktualität erstellter Zielvorgaben kontrolliert, die Zielerreichung überwacht und die Notwendigkeit von Strategieänderungen geprüft werden [Goerlitz05].

Die *Zielbildung* ist die erste Phase, die im Prozess des strategischen Managements durchlaufen wird. In diesem Schritt finden die strategische Zielsetzung und -planung statt, d.h. es werden die Visionen und Leitbilder des Unternehmens entwickelt, sowie die Unternehmensgesamt- und Geschäftsbereichziele definiert.

Die *Strategische Analyse* befasst sich anschließend mit der Analyse und Prognose des Unternehmens und seiner Umwelt. Im Rahmen der *Umweltanalyse* werden die Chancen und Bedrohungen des Unternehmensumfelds festgehalten und relevante Faktoren in Betracht gezogen, die die Unternehmensabläufe beeinflussen. Dazu gehören beispielsweise Märkte und Konkurrenten, aber auch technische, wirtschaftliche und politische Entwicklungen [Quarg07]. Die *Unternehmensanalyse* dagegen bestimmt die eigenen Stärken und Schwächen des Unternehmens. Zu diesen zählen beispielsweise Marketing-Mix-Faktoren, Produkt- bzw. Leistungsvergleiche zur Konkurrenz, Finanz-, Management-, Produktions- und Vertriebspotentiale [Quarg07].

Aufbauend auf den Erkenntnissen der strategischen Analyse werden in der Phase der *Strategieformulierung* strategische Optionen bzw. Alternativen entwickelt, sowohl für die Gesamtunternehmensebene, als auch für die Geschäftsbereichebene.

Die „Beurteilung der generierten Alternativen und die Auswahl der geeignetsten Strategie(n)" im Hinblick auf Profilabdeckung, Machbarkeit bzw. Akzeptanz und ethische Vertretbarkeit [Quarg07] erfolgt im zugehörigen Prozessschritt der *Strategischen Wahl*.

Nach der Entscheidungsfindung finden die Planungen und die eigentliche Umsetzung der selektierten Strategie(n) in der Phase der *Strategieimplementierung* statt. Dazu gehören u.a. die Konkretisierung der Strategie(n) für die betrieblichen Funktionen, das Festlegen von Maßnahmen für erfolgskritische Funktionsbereiche, die Anpassung der Organisationsstrukturen (formale Aufbaustrukturen, Informationsprozesse, Kommunikation, etc.), die Einrichtung und Abgrenzung von strategischen Geschäftsfeldern (SGF) und -einheiten (SGE), sowie die Schaffung notwendiger personalpolitischer Voraussetzungen für die erfolgreiche Realisierung der Unternehmensstrategie [Quarg07].

Zur Unterstützung des strategischen Managementprozesses existieren zahlreiche Instrumente und Ansätze für die Durchführung und Steuerung in den einzelnen zugrunde liegenden Entwicklungsabschnitten.

Eine weit verbreitete Methode ist die *Balanced Scorecard*, „ein Instrument zur Strategieumsetzung und Strategiekommunikation", das „Leitbilder und Visionen in konkrete Handlungen und Aktionen" [Wöhler03] transformiert und ein „System zur ‚Messung' und Umsetzung von Strategien" [H&P09] bietet. Sie findet ihre Verwendung insbesondere in den Phasen der strategischen Zielsetzung / -planung und der Strategieimplementierung.

Die *SWOT-Analyse* beispielsweise ist „eine Methode zur Unternehmens- und Umfeldanalyse und dient der Erfassung der [...] *Stärken* [...] und *Schwächen* eines Unternehmens [...] sowie der [...] *Chancen* [...] und *Bedrohungen* [...] des Umfelds des Unternehmens" [Schwab08]. Sie ist ein bewährtes Modell bei der strategischen Analyse.

In Kap. 3.2 dieses Buches werden im Rahmen der Vorgehensansätze für das Strategic Alignment weitere Instrumentarien der Strategieplanung und -steuerung näher vorgestellt.

Hierarchieebenen von Strategien

Ein essentieller Aspekt der Strategieformulierungen ist, dass sie nicht nur allgemeingültig die Unternehmensstrategie als Ganzes betreffen. Die Tatsache, dass die meisten Unternehmen diversifiziert und in mehreren Geschäftsfeldern aktiv sind [Venohr07], erfordert in Anbetracht der verschiedenen organisatorischen Geltungsbereiche auch die Strategiefestlegung für die einzelnen betrieblichen Teilbereiche und strategischen Geschäftseinheiten [Schewe98]. Hofer et al. unterscheiden in diesem Kontext die drei Strategieebenen *Unternehmensstrategie* (corporate

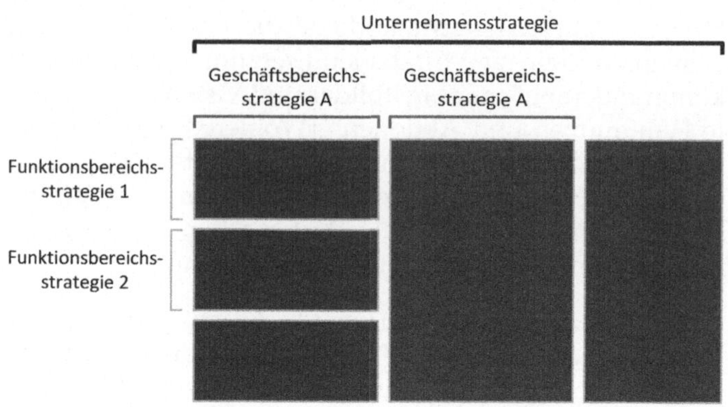

Abb. 2.6: Drei Hierarchieebenen der Strategie
Nach Quellen: [Venohr07]

strategy), *Geschäftsbereichsstrategie* (business strategy) und *Funktionsbereichsstrategie* (functional area strategy) (vgl. [Hofer78], Abb. 2.6).

Die *Unternehmensstrategie* befasst sich mit zu besetzenden Geschäftsfeldern, der Ressourcenaufteilung auf die einzelnen Unternehmensbereiche und mit generellen „Entscheidungen bezüglich der der Finanzstruktur und des organisatorischen Aufbau- und Ablaufdesigns" [Schewe98].

Gegenstand der *Geschäftsbereichsstrategie* ist die „Art und Weise, wie dem Wettbewerb in einer Branche bzw. einem Markt zu begegnen ist" mit dem Bestreben nach der „Erzielung von Wettbewerbsvorteilen" [Schewe98].

Auf *Funktionsbereichsebene* wird die „effiziente Nutzung der zur Verfügung stehenden Bereichsressourcen"

[Schewe98], der Prozesse und des Mitarbeiterpotenzials [Venohr07] und deren Organisation bzw. Integration im Unternehmens- und Geschäftsbereichskontext verfolgt. Beispiele für potentielle Funktionsbereichsstrategien sind z.B. Marketing-, Finanzierungs-, Produktions-, Forschungs- und Entwicklungsstrategien [Lehner01]. Der Fokus des vorliegenden Buches liegt auf der Funktionsbereichsstrategie der IT-Ebene.

2.1.2 IT-Strategie

Die *IT-Strategie* ist eine Funktionalstrategie der strategischen Geschäftseinheit (SGE) IT und umfasst die „langfristige Ausrichtung" und die „zielgerichtete Planung und Steuerung der IT unter Berücksichtigung der Kosten" [Tischendorf02]. Sie gewann mit Beginn der Einbindung von Informationssystemen zur Unterstützung von Büro- und Managementtätigkeiten in den siebziger Jahren [Smits03] kontinuierlich an Bedeutung [Smith07]. Analog zur Unternehmensstrategie existieren für die IT-Strategie zwar zahlreiche, jedoch keine einheitlichen Definitionen in der Literatur (siehe Tabelle 2.2).

Definition des Begriffs

Gemäß Lehner besteht die Aufgabe der IT-Strategie darin, eine „Übereinstimmung zwischen Unternehmenszielen und Informationsinfrastruktur herzustellen und/oder aufrechtzuerhalten" [Lehner01]. Walters et al. sehen als vorrangiges Ziel die Schaffung einer dynamischen und flexiblen IT-Architektur, die sich auch erforderlichen.

Tabelle 2.2:   IT-Strategiedefinitionen

[Holtschke08]	"Eine IT-Strategie definiert ein Gesamtkonzept und gibt einen praktischen Handlungsrahmen für den CIO vor"
[Lehner01]	"Informatik-Strategien helfen die Übereinstimmung zwischen Unternehmenszielen und Informationsinfrastruktur herzustellen und/oder aufrechtzuerhalten"
[Smits03]	"A complex of implicit or explicit visions, goals, guidelines and plans with respect to the supply and the demand of formal information in an organization, sanctioned by management, intended to support the objectives of the organization in the long run, while being able to adjust to the environment"

Tabelle 2.2: (continued)

[Tischendorf02]	"Die IT-Strategie betrachtet die gegebenen Randbedingungen, schätzt potenzielle Einflüsse ein, bewertet Risiken und beschreibt schließlich das Vorgehen zur Strukturierung, Positionierung und Organisation der gesamten IT (Hardware, Software, Mitarbeiter, interne IT-Prozesse und Dienstleistungen). Das Vorgehen berücksichtigt die verfügbaren Ressourcen quantitativ und qualitativ und ist stets an den Unternehmenszielen ausgerichtet" "Eine IT-Strategie muss die wesentlichen, strukturellen, eher generellen Anforderungen, die sich aus Geschäftszielen und Unternehmensstrategie ergeben, erkennen und auf dieser Basis Infrastruktur, Anwendungsarchitektur, IT-Organisation und deren IT-Prozesse entsprechend ausrichten"
[Walters06]	"The objective of IT strategy is to develop an IT architecture that is dynamic, flexible and adaptable to changes"

Änderungen anpassen kann [Walters06]. Holtschke et al. betrachten dagegen einen allgemeineren Handlungsrahmen und fordern von einer IT-Strategie die Definition eines Gesamtkonzeptes und die Bereitstellung eines praktischen Handlungsrahmens für den Chief Information Officer (CIO) [Holtschke08], dem Leiter der Unternehmensinformationstechnologie. Eine detaillierte Definition nehmen Tischendorf et al. vor und ordnen dem Aufgabenbereich einer IT-Strategie die Betrachtung von gegebenen Randbedingungen, die Einschätzung von potenziellen Einflüssen, die Bewertung von Risiken und die Darlegung eines Vorgehens zur Strukturierung, Positionierung und Organisation der gesamten IT – inklusive Hardware, Software, Mitarbeiter, interner Prozesse, Dienstleistungen – unter der quantitativen und qualitativen Berücksichtigung der verfügbaren Ressourcen und der stetigen Ausrichtung an den Unternehmenszielen zu [Tischendorf02].

Ansatzpunkte der IT-Strategie

Die Vorgehensweise für die Formulierung und Entwicklung einer IT-Strategie ist unter Fachleuten umstritten. Zum einen besteht die Forderung nach einer Integration der IT-Strategie in die Unternehmensstrategiefindung [Keller08, Materna08, Smith07, Tischendorf02, Voloudakis05, Richter08]. Statt hier eine bloß unterstützende Funktion zu haben, ist die IT in diesem Zusammenhang selbst integraler Bestandteil des Geschäfts und somit ein Business-Enabler, d.h. sie ist „ein Differenzierungsmerkmal im Wettbewerb" und „gestaltet die unternehmerischen Ziele aktiv mit, zeigt Geschäftspotenziale auf und treibt die Entwicklung der gesamten Organisation mit Innovationen voran" [Materna08]. Beispielsweise können neue Bereiche bzw. Geschäftsfelder identifiziert werden, in denen die IT einen Beitrag zur Erreichung von Wettbewerbsvorteil leisten kann [Smith07, Voloudakis05]. Dieser vereinte Ansatz (blended approach) setzt voraus, dass die IT mit in die Strategieprozedur einbezogen wird, um eine größtmögliche Wahrnehmung des Technologiepotentials zu gewährleisten [Voloudakis05].

In der Praxis findet diese Vorgehensweise bislang allerdings nur geringe Anwendung (vgl. [Holtschke08, Tischendorf02]). Das beruht hauptsächlich auf der Tatsache, dass die IT-Landschaften meistens „aus tagesaktueller Anforderung bedarfsgerecht gewachsen und [...] vielfach mühsam im Betrieb gehalten" werden [Tischendorf02]. Zudem würde ein solches Vorgehen in den meisten Betrieben einen enormen Wandel der bisherigen Vorgehensweisen und Abläufe genauso wie eine stark IT-geprägte Fertigkeit des Managements voraussetzen.

Demgegenüber wird die Meinung vertreten, dass die IT-Strategie von der Unternehmensstrategie abgeleitet werden muss [Grimm08, Lehner01, Klein08, Blankenhorn08], wie es von vielen Unternehmen in der Praxis gehandhabt wird. Demnach ist der IT-Strategieprozess der Unternehmensstrategiefindung nachgestellt. Dieser reaktive Ansatz (reactive approach, vgl. [Voloudakis05, Materna08]) setzt somit an der vorgefertigten Unternehmensstrategie an und versucht geeignete IT-seitige Maßnahmen zu ergreifen, um diese bestmöglich zu unterstützen und zu fördern. Relevante Fragestellungen in diesem Zusammenhang sind, „welche Art von IT-Lösungen für die Unterstützung des Geschäfts gebraucht werden, welche bereits in welcher Güte vorhanden sind und welche denkbar sind, um die Wettbewerbsposition zu verbessern" [Hofmann07].

Entwicklungsprozess der IT-Strategie

Der Prozess der *IT-Strategieentwicklung* kann in Anlehnung an die Prozedur der Unternehmensstrategieentwicklung erfolgen. Wie in Abb. 2.7 dargestellt, lassen sich demnach ebenfalls fünf, in der Regel aufeinander folgende Phasen unterscheiden.

Zu Beginn des Prozesses sollten die Mission (die Aufgabe bzw. der Auftrag) und die Vision (der Zielzustand) der IT festgehalten werden, welche „an der Unternehmensstrategie und damit an den zentralen Bedürfnissen der Geschäftsseite" ansetzen, eine „bewusste Ausrichtung der

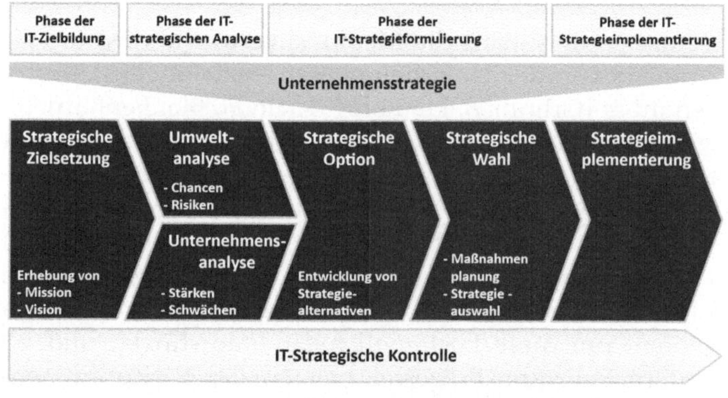

Abb. 2.7: Phasen des IT-Strategieprozess

IT auf die Unternehmensziele und – strategie forcieren"
und die klare Beurteilung der eigenen Zielerreichung ermöglichen [Holtschke08]. Diese *Phase der Zielbildung* legt
ein „Orientierungsrahmen für das Handeln und [...] damit die Grundlage für die Entwicklung der Strategie mit
einer klaren und messbaren Zielsetzung, den daraus abgeleiteten Handlungen, sowie den Faktoren und Kriterien
zur Bewertung des Erfolgs" [Holtschke08] fest.

In Anlehnung an das strategische Unternehmensmanagement erfolgt in der darauf folgenden Phase die *strategische
Situationsanalyse* unter Berücksichtigung von „unternehmensinternen und -externen" [Buchta09] Einflussfaktoren.
Diese Unternehmens- und Umweltanalyse – die Voraussetzung für das Setzen der strategischen IT-Ziele [Lehner01] – erörtert die Stärken, Schwächen, Chancen und Risiken sowohl des Unternehmens als auch der IT. Bezogen
auf die Untersuchungen für das Unternehmensumfeld
können zwar die „Ergebnisse der für die Formulierung der
Unternehmensstrategie durchgeführten Analyse des Unternehmens und seiner Umwelt" [Hofmann07] verwendet
werden, jedoch setzt die IT-Strategie nicht einfach nur „an
den Ergebnissen [...] an, sondern bewertet ihrerseits die
Einflussfaktoren, die bereits in der Entwicklung der Unternehmensstrategie berücksichtigt wurden, hinsichtlich
ihrer Implikationen für die IT" [Buchta09]. Wichtig bei
der Untersuchung des IT-Umfelds ist es, dass die Analyse für die IT sich nicht nur auf die Betrachtung interner
und unternehmensspezifischer Aspekte beschränkt – u.a.
Geschäftsprozesse, vorhandene Ressourcen und Skills, die
aktuelle IT-Landschaft, Anforderungen des Fachbereichs,
der Kunden, der Lieferanten – sondern „auch makroökonomische Einflüsse [...] berücksichtigt" [Buchta09], z.B.

den IT-Markt, technologische Innovationen und branchenspezifische IT-Entwicklungen [Tischendorf02, Buchta09]. Dazu gehören im Allgemeinen „die Identifikation und Bewertung der Faktoren, die die Branchenstruktur oder den relevanten Markt(ausschnitt) verändern und somit das Erfolgspotenzial maßgeblich beeinflussen können" [Hofmann07].

Die Formulierung potentieller Strategien erfolgt anschließend in der *Phase der strategischen Option* [Lehner01]. Während die Erkenntnisse der Situationsanalyse die Basis der Strategiedefinitionen bilden, setzen IT-Mission und -Vision den angemessenen Rahmen [Hofmann07]. Die Zielformulierungen sollten hierbei konkrete Ansatzpunkte und „Aktivitäten zur Erschließung der [. . .] identifizierten Wertschöpfungspotenziale" enthalten [Holtschke08].

Mit der Entscheidung für eine Maßnahmenplanung erfolgt anschließend die *Wahl für eine IT-Strategie*. In diesem Schritt werden unter Berücksichtigung des Renditebeitrags und des zeitlichen Verlaufs „diejenigen zukunftsorientierten und wettbewerbskritischen IT-Komponenten identifiziert, die den größten Wertbeitrag für das Unternehmen versprechen" [Buchta09]. Voraussetzung ist die kritische Bewertung der dafür erforderlichen Maßnahmen hinsichtlich ihres Kosten- und Nutzenpotentials [Holtschke08], im Idealfall in Kooperation mit dem Management bzw. dem Fachbereich. Angestrebt wird ein Resultat, bestehend aus „einer klaren und messbaren Zielsetzung, den daraus abgeleiteten Handlungen, sowie den Faktoren und Kriterien zur Bewertung des Erfolgs" [Holtschke08].

Ist die Wahl für eine konkrete IT-Strategie getroffen, findet die Strategieentwicklung ihren Abschluss in der *Implementierung*.

Komplementär zum Konzept der strategischen Unternehmensführung werden alle Phasen der IT-Strategieentwicklung von der *strategischen Kontrolle* begleitet. Diese ist für die Identifikation und das Abfangen von unvorhergesehenen Abweichungen zuständig und initiiert notwendige Korrekturmaßnahmen.

Um Misserfolgen und mangelnder Akzeptanz der IT-Strategie durch das Management und die Fachbereiche vorzubeugen, ist für eine durchgreifende Umsetzung die stringente Anlehnung der einzelnen Schritte an vorhandene Unternehmensstrategien und Geschäftsziele erforderlich [Tischendorf02, Buchta09]. Grundsätzlich empfiehlt es sich, das Management und die Fachbereiche soweit wie möglich in die jede Phase mit einzubeziehen [Buchta09] – zur Schaffung eines gemeinsamen Kulturraums [Holtschke08] und zur Erzielung von Wettbewerbsvorteilen [Craig06]. Deren aktive Beteiligung kann durch die Verwendung von klassischen Tools des strategischen Managements auf die IT-bezogenen Analysen und Auswertungen erleichtert werden, da diese Ansätze bekannt und verstanden sind und somit eine Identifikation mit dem Thema vereinfachen (vgl. [Hofmann07]).

Für einen nachhaltigen Beitrag zum Unternehmenserfolg ist eine mehrjährige Planung der IT-Strategie unter Berücksichtigung von Marktentwicklungen und die rechtzeitige Wahrnehmung von technologischen Trends sinnvoll [Tinaikar07]. Irregularitäten werden durch regelmäßige Kontrollmaßnahmen abgefangen und bei Bedarf durch streuende Eingriffe ausgeglichen. Im Rahmen von Effektivitäts- und Effizienzsteigerungen ist zudem die Optimierung und Neugestaltung von unergiebigen Geschäftsprozessen und Anwendungen unerlässlich [Buchta09].

2.2 Einordnung des Strategic Alignments

Hintergrund

Das Alignment zwischen der IT- und der Unternehmensstrategie ist ein Thema, welches Unternehmen seit Beginn der neunziger Jahre zunehmend beschäftigt und auch aktuell auf der Topagenda vieler Unternehmen [McAdams06, Beal03] steht. Für CIOs und IT-Manager rangiert es sogar bereits seit über 20 Jahren als Hauptanliegen mit höchster Priorität [Niederman91, Luftman04]. Seine Wichtigkeit liegt darin begründet, dass die Produkte und Prozesse der Unternehmen „zunehmend von Informationstechnologie durchdrungen und maßgeblich beeinflusst" werden und, als Konsequenz, durch die IT „neue Geschäftsmodelle und Märkte entwickelt werden" [Richter08]. Dementsprechend hat sich auch die Forschung verstärkt der gegenseitigen Ausrichtung der IT- und Unternehmensstrategie zugewandt, um Ursachen und Lösungen für dieses weitreichende Themenkomplex zu erörtern.

Definition

Eine allgemein anerkannte Definition von Strategic Alignment ist in der Literatur nicht vorhanden. Während einige Fachleute den Begriff als einen Prozess betrachten, der alle Unternehmensfelder durchdringt, begrenzen andere Wissenschaftler es auf die rein strategische Betrachtungsebene.

Henderson and Venkatraman sehen darin die Anpassung und Integration des Geschäfts und der IT sowohl auf strategischer als auch infrastruktureller Ebene [Henderson93].

Reich et al. dagegen beschränken Strategic Alignment rein auf strategische Handlungsfelder und beschreiben es als "the degree to which the information technology mission, objectives, and plans support and are supported by the business mission, objectives and plans" [Reich96]. Ähnlich sprechen Tallon von "the interaction or fit between IT and business strategy" [Tallon07] und Broadbent und Weil von "the extent to which business strategies were enabled, supported, and stimulated by information strategies" [Broadbent93].

Um eine Abgrenzung von strategischem Alignment zu anderen Alignmentdisziplinen oder dem Business-IT Alignment (vgl. Kap. 2.3) vorzunehmen, wird in diesem Buch die strategische Ausrichtung definiert als

die wechselseitige Abstimmung der Unternehmensstrategie mit der IT-Strategie zur nachhaltigen Business Value Generierung und Erreichung übergeordneter Unternehmensziele.

Abbildung 2.8 stellt die bidirektionale Beziehung zwischen Geschäftsstrategie und der IT-Strategie dar. Ein Strategic Alignment ist existent, wenn die IT-Strategie vollkommen an der Geschäftsstrategie ausgerichtet ist und sie über alle Ebenen hinweg unterstützt. Im Gegenzug orientiert sich die Geschäftsstrategie an den Möglichkeiten der IT und macht sich diese gewinnbringend zu nutze [Tallon03]. Voraussetzung für ein gelingendes Alignment ist somit die vollständige wechselseitige Abstimmung, ausgehend sowohl vom Business als auch von der IT.

Im Umkehrschluss ist ein Misalignment vorhanden, wenn es entweder dem Business nicht gelingt, die durch die IT bereitgestellten Möglichkeiten und vorhandenen Ressourcen nachhaltig in die Strategiefindung einzubinden

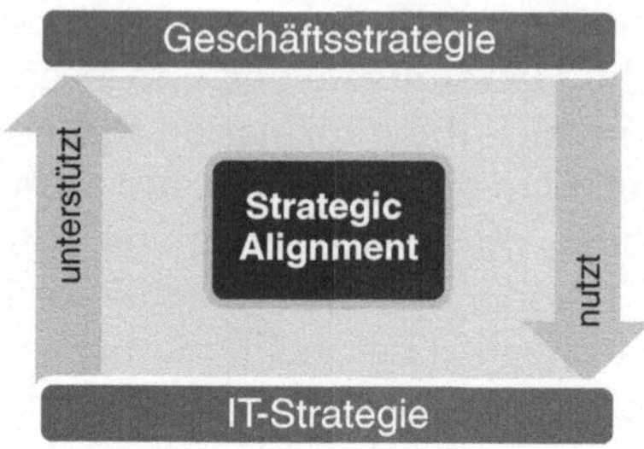

Abb. 2.8: Wirkungsfaktoren des Strategic Alignment
In Anlehnung an: Quellen: [Tallon03]

(IT underutilization), oder es andererseits der IT nicht gelingt, den Anforderungen des Geschäfts in angemessener Art und Weise nachzukommen (IT shortfall) [Tallon03, Masak06].

Historie des Strategic Alignments

Die ersten Alignment-Ansätze entstanden bereits Anfang der frühen siebziger Jahre mit der Entwicklung des Business System Planning von IBM [Zachman82], in dessen Rahmen „systematisch aus der Unternehmensstrategie eine Informatikstrategie abgeleitet" [Gericke06] wurde. Dabei wurden u.a. (IT-) Pläne zur Unterstützung der Unternehmensstrategie entwickelt sowie Grundlagen für die zukünftige Planung der Informationssysteme für die Organisationseinheiten geschaffen [Chan07]. Mit zunehmendem IT-Einsatz und dem Einbruch des Informations- und später des Internetzeitalters wurde das Thema Alignment in den Unternehmen immer vorherrschender und etablierte sich letztlich auch als ein Top-Concern für (IT-)Manager [McAdams06, Beal03, Niederman91, Luftman04].

Im Zuge dieser Entwicklung entstanden 1993 das Strategic Alignment Model (SAM) [Henderson93] (vgl. Kap. 2.4), welches ein „Assessmentframework" [Masak06] anhand von Domänen und Kriterien darstellt, oder das Strategic Alignment Maturity Model (SAMM) [Luftman00] (vgl. Kap. 2.7), ein Reifegradmodell zur Bestimmung des vorherrschenden Alignmentgrades. Die positive unternehmerische Bedeutung von Alignment wurde indessen durch zahlreiche Studien empirisch und durch Praxisbeispiele belegt (z.B. [Tallon03, Kearns01, BTM07, Jouirou04]). So kommt Chan zu dem Schluss, dass Alignment zu fokussierterem und strategischerem Gebrauch der IT führt, wodurch im Gegenzug eine höhere Unternehmensperformance erreicht wird [Chan07].

Obwohl der Begriff Alignment weit verbreitet ist und sich im Laufe der Jahre in diesem Kontext gefestigt hat, existieren insbesondere in der älteren Literatur synonyme Begriffe wie z.B. bridge [Ciborra97], fit [Henderson93], fusion [Britt02, Evans04, Smaczny01], harmony [Luftman04], interaction [Henderson93] oder linkage [Reich96]. Die verschiedenen Bergriffsbezeichnungen beschreiben in der Regel allerdings alle denselben Sachverhalt: Die Verflechtung von Strategien sowohl in Bezug auf das Geschäft wie auch zur IT [Avison04].

Der wertschöpfende Einfluss durch die Abstimmung von Business und IT ist in der Fachwelt allerdings nicht ganz unumstritten. Tallon et al. entdeckten beispielsweise ein Paradoxon in einigen Unternehmen hinsichtlich negativer monetärer Beiträge durch die IT, womöglich aufgrund von zu stringentem Alignment [Tallon03]. Auch Chan weist darauf hin, dass ein Übermaß an Alignment sich performancemindernd auswirken kann, vor allem in turbulenten Zeiten und in einem volatilen Umfeld [Chan07]. Ciborra kritisiert die Vorgehensweise und Lösungsansätze vieler Experten zu diesem Thema, u.a. auch das SAM-Modell und vergleichbare Frameworks. Seiner Ansicht nach ist die Forschung auf diesem Gebiet zu konzeptionell und kaum in der realen Praxis anwendbar [Ciborra97].

Selbsteinschätzung der Unternehmen zum Alignment

Abbildung 2.9 zeigt eine Umfrage unter IT-Verantwortlichen (vgl. [CIO04]), in der mehr als 40% den aktuellen Zustand ihres Alignments im Unternehmen als hoch oder sehr hoch einschätzen. Einen mittleren Alignmentgrad bescheinigen ebenfalls mehr als 40% der Befragten, während lediglich 13% die Situation in ihrem Unternehmen als gering oder sehr gering einstufen. Dass die Selbsteinschätzungen vieler Unternehmen und ihrer Funktionäre nicht immer realistisch sind, zeigen konträre Auswertungsresultate: Auf einer Skala von eins (Alignment-Laie) bis fünf (Alignment-Experte) wurden über 80% der CIOs in einer Studie von Deloitte Consulting als Alignment-Starter (Level 2) oder Alignment-Young-Professionals (Level 3) identifiziert. Dagegen wurden nur ca. 15% der betrachteten Verantwortlichen als Alignment-Professionals (Level 4) bzw. Experten (Level 5) eingestuft [CIO04].

Die Ergebnisse lassen erkennen, dass ein „Grundverständnis" des Alignments und die grundsätzliche „Notwen-

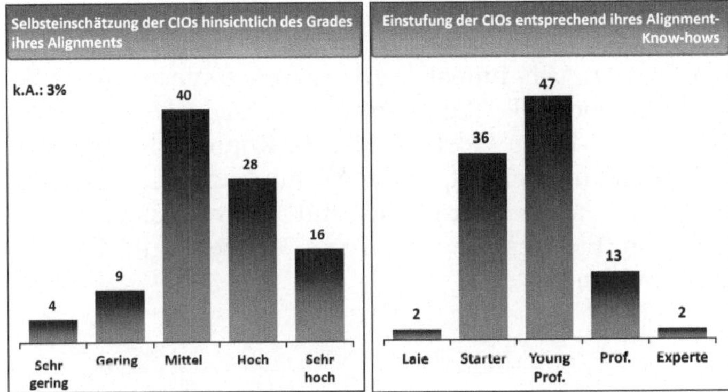

Abb. 2.9: Konträre Selbsteinschätzung und Fähigkeiten von CIOs
In Anlehnung an: Quellen: [CIO04]

digkeit des Instruments" [CIO04] den IT-Managern in gewissen Maßen bewusst ist, ihnen jedoch ein umfassendes Verständnis für ein vollständig harmonisches Alignment fehlt.

Die teils widersprüchlichen Ansichten innerhalb der Wissenschaft über das Alignment nach mehr als zwei Jahrzehnten Forschung und der zurzeit noch mangelhafte Überblick der Unternehmensverantwortlichen diesbezüglich stützen die Schlussfolgerung, dass weiterhin Forschungsbedarf zu diesem Themengebiet besteht (z.B. [Chan07, Chan02, Nickles04, Teubner06]). Insbesondere bedarf es an Hilfestellung für das Management, strategische Engagements und Unternehmensziele unter Einbeziehung von informationstechnischen Innovationen, wertschöpfend umsetzen zu können [Tallon07].

2.3 Business-IT Alignment

Für Strategic Alignment werden oftmals synonym die Begriffe Business-IT Alignment oder schlicht IT Alignment verwendet. Diese Wortwahl ist im Kontext des Strategic Alignment ungeeignet, da die Abstimmung der Geschäfts- und IT-Strategie nicht einfach mit einem Zusammenwirken von Businesses und IT als Ganzem gleichgesetzt werden kann.

Definition

Nickles beschreibt daher Business-IT Alignment als Maß der Übereinstimmung "of an organization's IT strategy and IT infrastructure with the organization's strategic business objectives and infrastructure" [Nickles04]. Luftman bezieht den Begriff auf das Anwenden von "Information Technology (IT) in an appropriate and timely way, in harmony with business strategies, goals and needs" [Luftman03]. Gericke et al. verstehen darunter „die Ausrichtung der IT an der Unternehmensstrategie, den Unternehmensprozessen und der Unternehmenskultur" [Gericke06]. In Anlehnung an Blankenhorn et al. [Blankenhorn08] und Winter et al. [Winter06] wird in diesem Buch die Definition des Business-IT Alignment erweitert und festgehalten als (vgl. Abb. 2.10):

die wechselseitige Abstimmung von Zielen, Strategien, Architekturen, Leistungen, Prozessen und der Unternehmenskultur zwischen IT-Bereichen und Fachbereichen in Unternehmen.

Business-IT Alignment ist geprägt von großer Komplexität, in dessen Ablauf viele Faktoren mitwirken. Um es

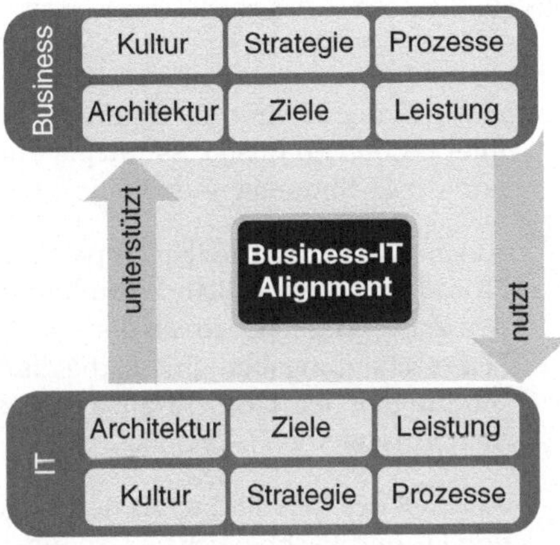

Abb. 2.10: Wirkungsfaktoren des Business-IT Alignment

in seiner Vollständigkeit abzubilden, ist eine Untergliederung in mehrere Teildisziplinen sinnvoll.

Bestandteile des Business-IT Alignments

Im Kontext des Business-IT Alignments unterscheiden Chan et al. die Dimensionen *Strategic/Intellectual, Structural, Social* und *Cultural* [Chan07] (vgl. Tabelle 2.3). Dem in der Literatur überwiegend behandelten Strategic Alignment und dem Structural Alignment – der strukturellen Anpassung von IT und Geschäft – schreiben sie dabei die größten Einflüsse auf die Performance zu [Chan07]. Dennoch sind die sozialen und kulturellen Aspekte, das gemeinsame Verständnis und Engagement von IT-, Fach-

Tabelle 2.3: Business-IT Alignment Dimensionen
Nach Chan et al.

Strategic/ Intellectual	Ausmaß der Abstimmung und die qualitative Interaktion von Businessstrategie und –pläne und die IT-Strategie und –Pläne zueinander
Structural	Ausmaß der strukturellen Anpassung zwischen IT und Fachseite, welche beeinflusst wird durch den Zuständigkeitsbereich der IT-Entscheidungsbefugnisse, die disziplinarische Bindungen, der (De)Zentralisierung der IT und dem Einsatz von IT-Personal
Social	Ausmaß des Verständnisses und Engagements von IT- und Fachbereichsleitern hinsichtlich Business- und IT-Missionen, Zielen und Pläne innerhalb einer organisatorischen Einheit
Cultural	Ausmaß des kulturellen Grundverständnisses und des Engagement für Alignment durch die Unternehmensleitung

und Führungskräften, bei der ganzheitlichen Business-IT Alignmentbetrachtung nicht zu vernachlässigen.

Masak betrachtet im Zusammenhang des Business-IT Alignment die Dimensionen *kognitives*, *architektonisches*, *strategisches*, *temporales* und *systemisches Alignment* [Masak06] (vgl. Tabelle 2.4).

Das *kognitive Alignment* befasst sich mit dem gemeinsamen Grundverständnis der ablaufenden Geschäftsprozesse [Beimborn06] auf Seiten der Fachabteilung und der IT. Das *architektonische Alignment* bildet das Zusammenwirken der IT-Architektur mit der Geschäftsprozess- und Organisationsarchitektur ab [Masak06]. Das *temporale Alignment* wird definiert als die Fähigkeit, wie gut und wie schnell

Tabelle 2.4: Business-IT Alignment Dimensionen
Nach Masak

Strategisch	Abstimmung der IT-Strategie mit der Businessstrategie
Kognitiv	Gemeinsame Ausrichtung des Gedankenguts zwischen der Geschäftswelt und der IT
Architektonisch	Gemeinsame Ausrichtung der IT-Architektur und der Geschäftsprozessarchitektur
Temporal	Ausrichtungspotenzial der IT auf Veränderungen der Geschäftsanforderungen
Systemisch	Betrachtung der IT und der Organisation unter ganzheitlichen Aspekten

die IT auf „Veränderungen der Geschäftswelt reagieren kann", während das „systemische Alignment versucht die IT und die Organisation unter ganzheitlichen Aspekten zu betrachten" [Masak06]. Das *strategische Alignment* ist neben der Ausrichtung der Strategien zudem dafür zuständig, einen hohen Grad an Alignment der anderen Dimensionen zu erreichen [Masak06], insbesondere die des kognitiven, des temporalen und die des architektonischen Alignments. Abbildung 2.11 verdeutlicht das Einflussmodell des Strategic Alignments nach Masak und zeigt auf, dass die strategische Ebene aus langfristiger Sicht der Initiator für die anderen Dimensionen ist. Die Strategie setzt das weitere Vorgehen fest, bestimmt den Einsatz der Architekturen und schafft das notwendige gemeinsame Gedankengut zwischen der IT und den Fachabteilungen. Im Idealfall kann durch die richtige Steuerung der einzelnen Alignmentdisziplinen

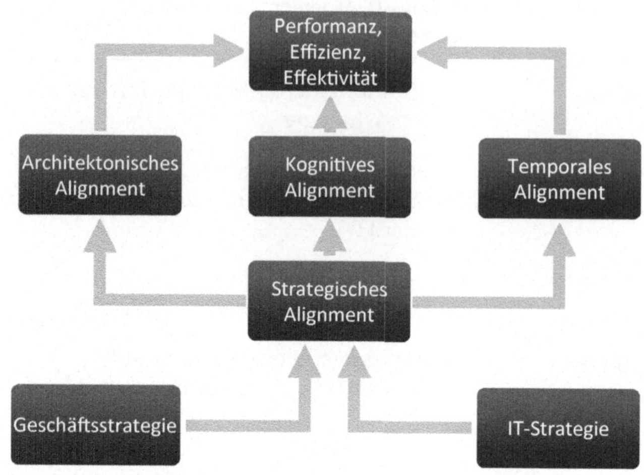

Abb. 2.11: Das Einflussmodell von IT-Strategie und Businessstrategie Nach Masak Quelle: [Masak06]

Unternehmenseffizienz, -effektivität und – performance nachhaltig gesteigert werden.

Operational Alignment

Eine weitere in der Literatur geläufige Form der Abgrenzung des Business-IT Alignments zieht, neben der Unterteilung nach der in der Forschung ausführlich untersuchten strategischen bzw. intellektuellen Alignmentdimension, vor allem die Notwendigkeit des intensiveren Fokusses auf das operative bzw. soziale Alignment [Beimborn06, Reich96, Weitzel06] in Betracht. *Operational Alignment* wird definiert als die wechselseitige Koordination von IT- und Fachabteilungen und deren

Mitarbeiter [Weitzel06]. Der Fokus dieser Dimension beruht auf den Zielvorstellungen, der Kommunikation und dem Verständnis für die jeweilige Partnerdomäne der Fach- und IT-Abteilungen [Reich03]. Im Wesentlichen kann das operative Alignment untergliedert werden in die

- **kognitive Dimension**

  Kognitive Faktoren, wie z.B. gegenseitiger Respekt, Vertrauen [Gomber07] und gemeinsame Ziele [Hirschheim08]

- **Interaktionsdimension**

  Faktoren der Kommunikation, wie z. B. Menge und Qualität an Abstimmungsgesprächen und Zusammenarbeit

- **qualitative Dimension**

  Wissensbasierte Faktoren, wie z. B. Kenntnis und Verständnis der jeweils anderen Einheit sowie ihrer Aufgaben und Abläufe [Gomber07].

Empirische Studien konnten belegen, dass alle drei Dimensionen des Operational Alignment sich auf den Business Value auswirken und einen positiven Beitrag zur Prozessperformance leisten [Beimborn06]. Zusätzlich ließen sich signifikante Beziehungen zur IT Flexibilität, dem Gebrauch von Informationssystemen (IS) und Strategietypen feststellen [Weitzel06].

Gegenwärtiger Stand des Business-IT Alignments

Business-IT Alignment ist ein komplexes Themengebiet, zu dessen Betrachtung in der Forschung verschiedene Ansätze hervorgetreten sind. Obwohl bereits zahlreiche

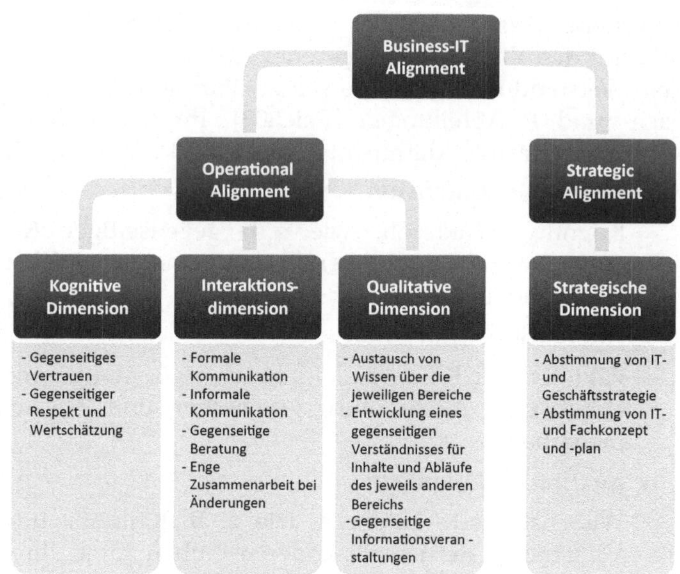

Abb. 2.12: Business-IT Alignment Dimensionen
Nach Quelle: [Gomber07]

Forschungsarbeit zur Aufklärung dieses „Phänomens" in der Vergangenheit geleistet wurde, konnte sich bisher noch keine eindeutige Einsicht über die exakten Einfluss und Beziehungsverflechtungen ermitteln. In Anbetracht der konstanten Aktualität des Themas besteht jedoch weiterhin Forschungsbedarf, um mehr Transparenz in Bezug auf die Erfolgsfaktoren des Business-IT Alignments für die Verantwortlichen zu schaffen.

Erste Ansätze zur Bewältigung der Alignment-Proble-matik leisten Frameworks wie z.B. das SAM (vgl. Kap. 2.6) oder das SAMM (vgl. Kap. 2.7). Dynamisch wachsende

Märkte in Zeiten der Globalisierung und die sich stetig ändernden Anforderungen verlangen aber eine kontinuierliche Anpassung bewährter Erkenntnisse und die Erschließung neuer zukunftsweisender Innovationen.

2.4 Business Value

Jede einzelne Aktivität eines Unternehmens zielt langfristig darauf ab, einen Mehrwert für die Unternehmung zu schaffen. Dieser Wertbeitrag kann beispielsweise in Form höherer Wirtschaftlichkeit, Rentabilität oder Produktivität erfolgen. Auch der Einsatz von Informationstechnologien und jede damit in Beziehung stehende Handlung, worunter auch das Alignment fällt, müssen demnach ihren Beitrag zur Steigerung des Business Value leisten. Die Abstimmung von Business und IT auf strategischer und operativer Ebene ist wirtschaftlich nur tragbar, wenn diese sich entscheidend auf den Unternehmenserfolg auswirkt. Auf diesem Gebiet wurde in den vergangenen Jahren viel Forschungsarbeit zur Untersuchung der Korrelation zwischen Business-IT Alignment und Business Value Generierung geleistet.

Business Value-Messung entlang der Wertschöpfungskette

Um Einsicht in die potentiellen Einflüsse des Strategic Alignments zu erlangen, wurden in empirischen Studien Unternehmen auf Basis ihrer Prozessfelder entlang der Wertschöpfungskette untersucht (vgl. [Tallon00, Tallon03, Tallon07]). Die Untersuchungen zeigen, dass zwischen hoher strategischer Ausrichtung und dem IT Business Value eine positive Relation besteht (vgl. Abb. 2.13).

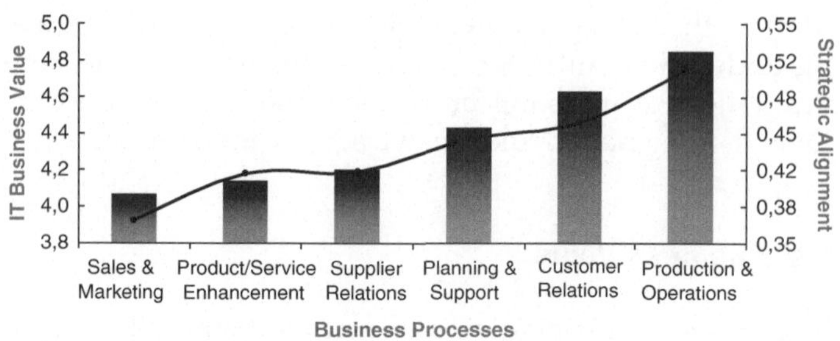

Abb. 2.13: Korrelation zwischen Strategic Alignment und IT Business Value
Quelle: [Tallon03]

Insbesondere in den Geschäftsprozessbereichen der „Production & Operations", „Customer Relations" und „Planning & Support", bei denen ein hohes Maß an Strategic Alignment gemessen wurde, konnte komplementär ein hoher Wertbeitrag der IT am Business Value festgestellt werden. Demnach kann eine fehlende strategische Ausrichtung als ein Indiz für die mangelnde Profitverwirklichung seitens der IT vermutet werden [Tallon03].

Wettbewerbsvorteile durch das Strategic Alignment

Jouirou et al. beschäftigten sich mit der Fragestellung, ob die Ausrichtung der IT an der Unternehmensstrategie und den Organisationsstrukturen in klein- und mittelständischen Unternehmen eine ausschlaggebende Wirkung auf die Gesamtperformance hat (vgl. [Jouirou04]). Dabei ergaben die Auswertungen von 381 Unternehmen, dass sowohl die Ausrichtung von IT- und Unternehmensstrategie zueinander als auch die Anpassung von IT-Strategie an die Organisationsstrukturen maßgeblichen Einfluss auf die Steigerung des Unternehmensleistungsniveaus haben und somit ein positives Verhältnis zwischen Strategic Alignment und Performance begründet ist [Jouirou04].

Kearns et al. betrachteten dagegen in ihrer Studie, ob und unter welchen Umständen Strategic Alignment bei der Schaffung von Wettbewerbsvorteilen mitwirkt (vgl. [Kearns01]). Sie stellen fest, dass sich eine Ausrichtung der IT-Strategie an der Unternehmensstrategie bedeutend auf IT-gestützte Wettbewerbsvorteile auswirkt. Umgekehrt konnten sie jedoch keine positive Beziehung durch die Ausrichtung der Geschäftsplanung an die IT-Planung ermitteln. Ihre Untersuchungen ergaben des Weiteren, dass das Themenfeld Strategic Alignment größtenteils zum Aufgabenspektrum des CIOs gehören sollte und seine Beteiligung auch bei der geschäftsseitigen Planung erforderlich ist [Kearns01].

Zur Ermittlung, ob und inwieweit gut ausgerichtete Unternehmen Wettbewerbsvorteile gegenüber den Konkurrenten in ihrer Branche besitzen, teilte das Business Technology Management Institute (BTM) Firmen aus 50 Branchen in zwei Gruppen, aligned und nicht-aligned, auf und verglich sie hinsichtlich diverser betriebswirtschaftlicher Kennzahlen miteinander (vgl. [BTM07]). Ihre Untersuchungen ergaben, dass ausgerichtete Firmen im Vergleich zu ihrer Konkurrenz durchschnittlich

1. einen fünfmal größeren Wachstum der „Earnings per Share" (EPS, *Gewinn je Aktie*),
2. dreimal größeren Umsatzwachstum,
3. einen vierzehn Prozent höheren „Return On Investment" (ROI, *Kapitalrendite*),

4. einen sechs Prozent höheren „Earnings Before Interest, Taxes, Depreciation" (EBITD, *Gewinn vor Abzug von Zinsen, Steuern und Abschreibung*),

5. einen acht Prozent höheren „Return On Assets" (ROA, *Gesamtkapitalrendite*),

6. und einen vier Prozent höheren „Return On Equity" (ROE, *Eigenkapitalrendite*) erzielen (vgl. Abb. 2.14).

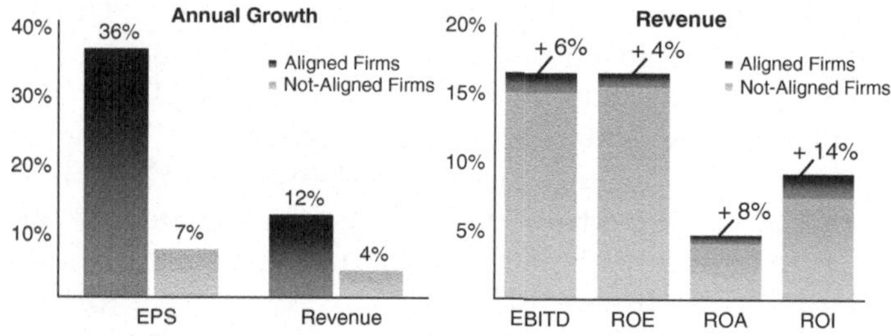

Abb. 2.14: Wettbewerbsvorteile von Firmen mit hohem Alignment
In Anlehnung an: Quellen: [BTM07]

Tabelle 2.5 stellt einen Überblick verschiedener Forschungsarbeiten dar, in denen ein positiver Wertbeitrag durch Alignment nachgewiesen werden konnte. Zusammenfassend kann konstatiert werden, dass Strategic Alignment durchaus das Potenzial hat, ein Unternehmen bei der Optimierung seiner Geschäftsabläufe zu unterstützen, Performancesteigerungen zu erwirken und zur Erhöhung des Business Value beizutragen. Erforderlich dazu sind die angemessene Steuerung der notwendigen Ressourcen und die Berücksichtigung von relevanten Einfluss- bzw. Erfolgsfaktoren (vgl. Kap. 2.5).

Tabelle 2.5: Forschungsergebnisse zum Business Value Beitrags mittels Strategic Alignment

[Tallon00, Tallon03, Tallon07]	– Positive Korrelation zwischen Strategic Alignment und IT Business Value
[Kearns01]	– Signifikanter Einfluss auf die Schaffung von Wettbewerbsvorteilen durch das Alignment von IT-Strategie an die Unternehmensstrategie
[Sabherwal06]	– Empirische Studie, welche die positive Auswirkung von Alignment auf die Unternehmensperformance belegt
[Jouirou04]	– Alignment von IT-Strategie, Unternehmensstrategie und Organisationsstruktur bewirken Steigerungen der Unternehmensperformance
[Wonseok07]	– Alignment ist besonders bei der Verfolgung von Kostensenkungsstrategien von Bedeutung – Strategic Alignment zieht hohe Performancesteigerungen nach sich, wenn sich IT- und Unternehmensstrategie bereits auf einem hohen Level befinden
[Byrd06]	– Aufdeckung einer synergistischen Beziehung zwischen Strategic Alignment und IT-Investitionen mit der Unternehmensperformance – Durch die Stärkung der IT-Investitionen hat Strategic Alignment zusätzlich einen positiven Effekt auf den Umsatz pro Mitarbeiter
[Iman07]	– Untersuchung der indonesischen Bankenindustrie, welche die positive Auswirkung von Alignment auf die Unternehmensperformance bestätigt

Tabelle 2.5: (continued)

[Iman07]	– Untersuchung der indonesischen Bankenindustrie, welche die positive Auswirkung von Alignment auf die Unternehmensperformance bestätigt
[BTM07]	– Firmen mit ausgeprägtem Alignment besitzen Wettbewerbsvorteile gegenüber ihren Konkurrenten
[Chan06]	– Für akademische Institutionen: unabhängig von der Strategietypologie positive Beziehungen zwischen Alignment und der Performance – Für Unternehmen: positive Beziehungen zwischen Alignment und der Performance für die meisten Firmen (außer Unternehmen mit Defender[a]-Strategie)
[Huff97]	– Unternehmen mit hohem strategischen Alignment sind leistungsfähiger – Strategic Alignment steht in Relation mit der Effektivität der IT und der Unternehmensperformance

[a]Defender: Unternehmen mit Defender-Strategien bearbeiten einen engen Produkt-Markt-Bereich, weisen defensives Innovationsverhalten auf und konzentrieren sich primär auf Effizienz [Adolphs04]

2.5 Erfolgsfaktoren für das Strategic Alignment

Strategic Alignment ist ein Prozess, für dessen erfolgreichen Verlauf zahlreiche Schlüsselfaktoren ausschlaggebend sind. Die Berücksichtigung und Steuerung dieser Faktoren eignen sich besonders als initiale Aktivitäten zur Verbesserung oder Aufrechterhaltung des Alignment-Zustands. Nach nunmehr 20 Jahren Forschung und praktischer Erfahrungen auf diesem Gebiet kristallisieren sich allmählich substanzielle Einsichten zu potentiellen Alignment-Drivern heraus.

Bentley führt das Scheitern von Alignment-Vorhaben in vielen Unternehmen auf das Vorhandensein von grundlegenden Barrieren zurück (vgl. Abb. 2.15), deren Überwindungen die Erfolgswahrscheinlichkeit des Prozesses steigern.

Zum einem fehlt oftmals eine gemeinsame Basis für den Dialog zwischen der Geschäfts- und IT-Seite, d.h. beide Parteien verwenden verschiedene „Sprachen" [Bentley07], sprechen über verschiedene Themen [Chan07] und nutzen womöglich verschiedene Instrumente für dieselben Sachverhalte und Abläufe. Außerdem existieren häufig

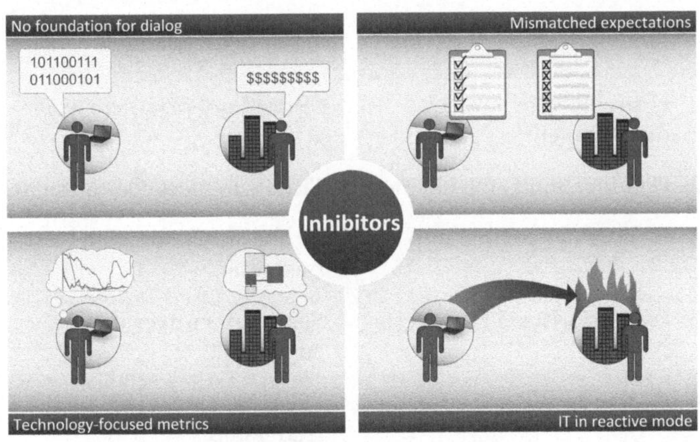

Abb. 2.15: Inhibitors des Business-IT Alignment
Quelle: [Bentley07]

verschiedene Erwartungen in Bezug auf Leistungs- und Serviceerbringung. Diese Inkongruenz setzt sich auch bei der Leistungsbewertung beider Seiten fort: Während die IT vorwiegend auf die Leistungsbemessung der technologischen Komponenten fokussiert ist, erwartet die Geschäftsseite die Beitragsermessung in Bezug auf den geschäftlichen Erfolg [Bentley07]. Weiterhin wirkt sich eine mangelnde Priorisierung der IT und seiner Aktivitäten nachteilig auf die Unterstützung der Geschäftsabläufe aus. Die IT agiert häufig erst reaktiv auf ausbrechende Probleme, anstatt sich strategisch und proaktiv zukünftigen Problemthemen zu widmen [Bentley07].

Tabelle 2.6: Enablers und Inhibitors des Strategic Alignment
Nach Luftman et al.

ENABLERS	INHIBITORS
1 Senior executive support for IT	IT/business lack close relationships
2 IT involved in strategy development	IT does not prioritize well
3 IT understands the business	IT fails to meet commitments
4 Business-IT partnership	IT does not understand business
5 Well-prioritized IT projects	Senior executives do not support IT
6 IT demonstrates leadership	IT management lacks leadership

Quelle: [Luftman99]

Luftman et al. nahmen sich dieser Fragestellung aus empirischer Sicht an und führten Umfragen in über 500 Unternehmen aus unterschiedlichen Industriebereichen durch, um Erkenntnisse über die wichtigsten Schlüsselfaktoren des Alignments zu erlangen (vgl. [Luftman99]). Tabelle 2.6 zeigt eine Gegenüberstellung der identifizierten Enablers und Inhibitors, welche auch in die Entwicklung des SAMM miteinflossen (vgl. Kap. 2.7).

Prinzipiell adressieren die Hemmnisse und Förderer der Liste dieselben inhaltlichen Kernpunkte, jedoch mit entgegengesetzten Ausprägungen. Als Hemmnisse für ein Alignment werden u.a. mangelnde Partnerschaften zwischen Business und IT, fehlende Priorisierungen von IT-Projekten, Zielverfehlungen durch die IT oder unzureichendes Engagement von Seiten der Führungsspitze genannt. Als Ermöglicher des Alignments wird u.a. die angemessene Priorisierung von IT-Projekten (5. Platz Enablers) als kritische Maßnahme des strategischen IT-Managements angesehen, in deren Rahmen bspw. die Anwendung von IT-Portfolien unterstützend eingesetzt werden kann [Buchta09, Richter08, Blankenhorn08, Klein08]. Auf den weiteren Plätzen folgen die Partnerschaft der Business- und IT-Seite, das Verständnis für das Business seitens der IT und die Einbeziehung der IT in die Strategiefindung. Als größter Erfolgsfaktor für das strategische Alignment wird die Unterstützung des Top-Managements angegeben. Das Commitment der oberen Führungsebene ist entscheidend, da es andere Faktoren maßgeblich beeinflussen kann. Weitgreifende Veränderungen in einem Unternehmen – in Bezug auf Kultur, Verhalten, Fähigkeiten und Abläufe – setzen die Förderung und entsprechende Hingabe des Managements voraus [Davenport07]. Insbesondere unternehmensweite, funktions- und abteilungsübergreifende Maßnahmen erfordern die Aufmerksamkeit und Koordination des Top-Managements [Davenport07].

Eine ähnliche empirische Studie zur Identifikation der kritischen Erfolgsfaktoren führten Teo et al. mittels Befragungen von Führungskräften in 600 Unternehmen durch (vgl. [Teo99]). Auch in den Ergebnissen dieser Studie rangiert das Commitment des Managements für den strategischen Nutzen der IT an höchster Stelle. Weitere wesentliche Einflussfaktoren sind u.a. die betriebswirtschaftlichen Kenntnisse der IT-Verantwortlichen, das Vertrauen der Unternehmensführung in die IT-Abteilung, die Bereitstellung effizienter und zuverlässiger Services für die Fachabteilungen und der häufige kommunikative Austausch beider Seiten (vgl. Tabelle 2.7).

Tabelle 2.7: Kritische Erfolgsfaktoren des Strategic Alignment
Nach Teo et al.

1	Top management is committed to the strategic use of IT
2	Information systems (IS) management is knowledgeable about business
3	Top management has confidence in the IS department
4	The IS department provides efficient and reliable services to user departments
5	There is frequent communication between user and IS departments
6	The IS staff are able to keep up with advances in IT

Tabelle 2.7: continued

7	Business and IS management work together in partnership in prioritizing applications development
8	Business goals and objectives are made known to IS management
9	The IS department is responsive to user needs
10	Top management is knowledgeable about IT
11	The IS department often comes up with creative ideas on how to use IT strategically
12	The corporate business plan is made available to IS management

Quelle: [Teo99]

Farrell nahm sich der Thematik am Beispiel von fünf Fallstudien australischer Betriebe an (vgl. [Farrell03]). Allerdings erweitert er seine hierarchische Auflistung um richtungsbezogene Einflussabhängigkeiten unter den einzelnen Faktoren (vgl. Abb. 2.16). Er konnte sowohl einseitige, aber auch wechselseitige Beziehungen zwischen den einzelnen Faktoren feststellen, wodurch die Notwendigkeit einer Gesamtbetrachtung aller Einflusskomponenten untermauert wird. Die 21 erfassten Komponenten können den Zuständigkeitsbereichen Management, Fachbereich und IT zugeordnet werden und repräsentieren dabei konkrete Maßnahmen, die von den Organisationen selbst als kritisch für die Alignment-Förderung erachtet werden. Der Zuständigkeitsbereich Management und Planung bildet indessen die Grundlage für die verschiedenen Bereiche. Somit bekräftigen die Erkenntnisse dieser Studie ebenfalls, dass ohne die Initiativen und Maßnahmen der Unternehmensführung die Wirkung der übrigen Faktoren

Abb. 2.16: Erfolgsfaktoren
Nach [Farrell03] Quelle: [Farrell03]

minimal oder zumindest mit weit weniger Einfluss auf das Alignment bleibt [Farrell03].

In weiten Teilen weisen die Befunde aus den verschiedenen Studien inhaltliche Überschneidungen auf. Dies kann, zumindest auf konzeptioneller Basis, als Beleg für deren weitgehenden Wahrheitsgehalt ausgelegt werden. Einflussfaktoren für die strategische Ausrichtung von IT und Business sind insbesonders dann von besonderer Relevanz, wenn Unternehmen die IT erfolgreich zur Erreichung ihrer Unternehmensziele oder der Schaffung von Wettbewerbsvorteilen nutzen wollen [Farrell03]. Ein Erfolg in Form der Schaffung eines effektiven Alignment-Zustands kann demnach durch die Maximierung der fördernden Faktoren bei gleichzeitiger Reduktion der hemmenden Faktoren angestrebt werden [Luftman00].

Die bisherige Forschung brachte bislang zahlreiche Modelle hervor, die einen Begleitansatz für die Entwicklung und Implementierung eines Alignment-Prozesses darbieten. In den nachfolgenden Kap. 2.6 und 2.7 werden mit dem SAM und dem SAMM zwei bekannte und zu Teilen bestätigte Modellgerüste vorgestellt.

2.6 Strategic Alignment Model SAM

Mit der Erkenntnis über den Wertbeitrag und die strategische Notwendigkeit des Alignments entstand die Forderung nach geeigneten Werkzeugen und Modellen, um die Umsetzung und Steuerung dieses Prozesses in der Praxis zu unterstützen. Neben dem MIT90 s Model von Morton gehört das Strategic Alignment Model (SAM) von Henderson and Venkatraman [Henderson93] zu den meist beachteten Frameworks [Avison04, Chan07].

Aufbau

Das SAM beruht auf der Aufnahme, dass der Geschäftserfolg in Abhängigkeit zur Harmonisierung von *Business Strategy*, *IT Strategy*, *Organizational Infrastructure and Processes* und *IT Infrastructure and Processes* steht [Luftman93].

Abbildung 2.17 verdeutlicht die verschiedenen Domänen des SAM, die das Grundgerüst des Modells bilden und „einerseits Geschäft und IT als Entscheidungsbereiche" unterscheiden und „andererseits Infrastruktur und

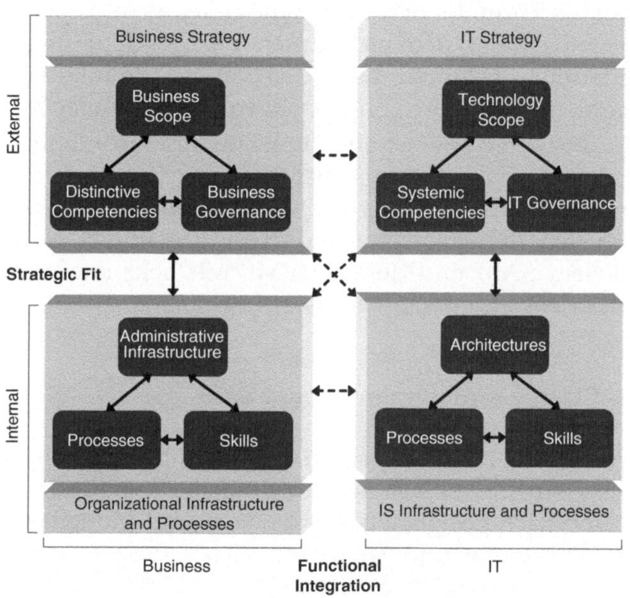

Abb. 2.17: Strategic Alignment Model
Quelle: [Henderson93]

Strategie als eigenständige Entscheidungsebenen" identifizieren [Teubner06]. Jede Domäne adressiert ihrerseits drei zueinander in Wechselbeziehung stehende Komponenten, die für die Betrachtung relevant sind.

Die Domäne *Business Strategy* wird charakterisiert durch die Komponenten Business Scope, Distinctive Competencies und Business Governance. Vorrangige Themen dieser Domäne sind die langfristige Marktsegmentierung des Unternehmens (Business Scope), die einzigartigen und differenzierenden Kompetenzen des Unternehmens (Distinctive Competencies) – welche die Art und Weise prägen, wie das Unternehmen seine Produkte und Services auf dem Markt anbietet – und die unternehmensübergreifende Marktpositionierungsstrategie (Business Governance), die beispielsweise mögliche Allianzen oder Outsourcing-Vorgehen abwägt [Luftman93].

Die Domäne *IT Strategy* befasst sich mit der Positionierung des Unternehmens auf dem IT-Markt [Henderson93]. Die Komponente Technology Scope deckt in diesem Zusammenhang Entscheidungen zu unternehmenskritischen und wertschaffenden Technologie-Instrumenten ab, während die Systematic Competencies diejenigen Strategie- und Technologieelemente beschreiben, die existierende Geschäftsstrategien unterstützen oder positiv auf die Entwicklung neuer Geschäftsstrategien wirken. Als dritte Teilkomponente ist die IT Governance für die Auswahl und Anwendung von Maßnahmen für die Sicherstellung erforderlicher IT-Kompetenzen zuständig [Henderson93]. Wie schon auf dem Feld der Business Governance fallen hierunter auch sämtliche Planungen zu Themen wie z. B. Technologieallianzen oder Outsourcing [Luftman93].

Das Einflussfeld der *Organizational Infrastructure and Processes* wird bestimmt durch die Komponenten Administrative Infrastructure, Processes und Skills. Die administrativen Infrastrukturen kennzeichnen im SAM innerbetriebliche Rollen, Verantwortlichkeiten und Autoritätsstrukturen. Die betrieblichen Prozesse definieren die Art und Weise, in der wichtige Geschäftsfunktionen ablaufen und repräsentieren die Umsetzungsmaßnahmen der Geschäftsstrategien [Henderson93, Luftman93].

Der Quadrant *IS Infrastructure and Processes* deklariert „die im Unternehmen eingesetzten technischen Infrastrukturen und Informationssysteme sowie die für deren produktiven Betrieb erforderlichen Fertigkeiten und Prozesse" [Teubner06]. Zu den Aufgaben des Einflussbereiches Architectures gehört neben der Definition des Applikationenportfolios und der Konfiguration der Kommunikation, Soft- und Hardware, die Abstimmung der technischen Infrastruktur – basierend auf der implementierten Datenarchitektur. Zum Umfang des Bereichs Processes gehören Ablaufprozesse mit zentraler Bedeutung für den Infrastrukturbetrieb der Informationssysteme. Das Betrachtungsfeld Skills beschäftigt sich mit Akquirierung, Training und Weiterentwicklung des Wissens und der Fertigkeiten des Personals [Henderson93, Luftman93].

Der Grundgedanke des SAM ist es, dass im Prozess des Strategic Alignment alle vier Domänen in Beziehung zueinander stehen. Bezogen auf das Geschäft und die IT, unterscheidet das Modell die Sicht auf strategiebezogene Elemente als externe Perspektive und auf die prozess- und strukturabhängige Elemente als interne Perspektive. Aus dieser Betrachtungsperspektive leiten Henderson et al. zwei Abstimmungsnotwendigkeiten ab:

1. **Strategic Fit**

   Strategic Fit referenziert die externe Betrachtungsebene und bezeichnet die Abstimmung zwischen
   Geschäfts- und IT-Strategie [Henderson93]. Voraussetzung für eine solche strategische Anpassung ist
   die Übereinstimmung der „Geschäftsziele und -
   strategien mit den zu ihrer Realisierung notwendigen Technologien und IT-Fähigkeiten" [Teubner06].

2. **Functional Integration**

   Functional Integration referenziert die interne Betrachtungsperspektive [Henderson93] und verlangt
   zur effektiven Unterstützung der betrieblichen Auf-
   gabenerfüllung die Anpassung von Infrastrukturen
   und Prozessen auf organisatorischer und informationstechnischer Ebene [Teubner06].

Anwendungsansätze

Zur Erreichung bzw. Durchführung eines Alignments gibt
es nach dem SAM verschiedene Ansätze, um dies zu
bewerkstelligen. Empfohlen werden multivariate Vorgehensweisen unter Berücksichtigung mehrerer Domänen.
Initiatoren des Alignment sind in diesen Ansätzen in der
Regel entweder das Geschäft oder die IT auf Strategie-
ebene. Für das Gelingen ist es erforderlich, vor Beginn
des Vorhabens die jeweiligen Rollen des Geschäfts- und
IT-Managements zu definieren und das angestrebte Zielvorhaben festzulegen. Nachfolgend werden drei mögliche
Herangehensweisen entlang des Strategic Alignment Models vorgestellt.

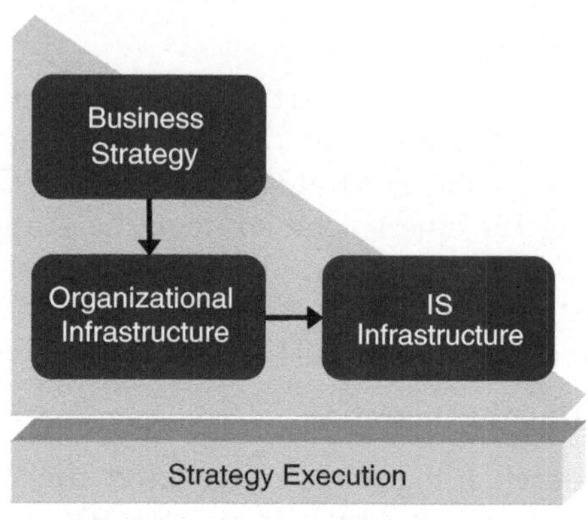

Abb. 2.18: Strategy Execution
In Anlehnung an: Quellen: [Henderson93]

Die *Strategy Execution* ist die vermutlich verbreitetste
Alignment-Methode, da es sich stark an die Prinzipien
des klassischen strategischen Managements anlehnt
[Henderson93]. Ausgehend von der vorhandenen
Business Strategy findet im ersten Schritt eine An-
passung der Organisationsstrukturen statt. Im nächsten
Schritt erfolgt anschließend die anforderungsgerech-
te Abstimmung IS-Infrastruktur. Bei dieser, von der
Unternehmensstrategie getriebenen Top-Down Vorge-
hensweise übernimmt das Management die Rolle des
Strategieformulierers (Strategy Formulator) und die
IT-Führung fungiert als Strategieimplementierer (Strategy
Implementor), zuständig für die effektive und effiziente
Gestaltung der IT-Landschaft zur Unterstützung der
Geschäftsstrategie [Henderson93].

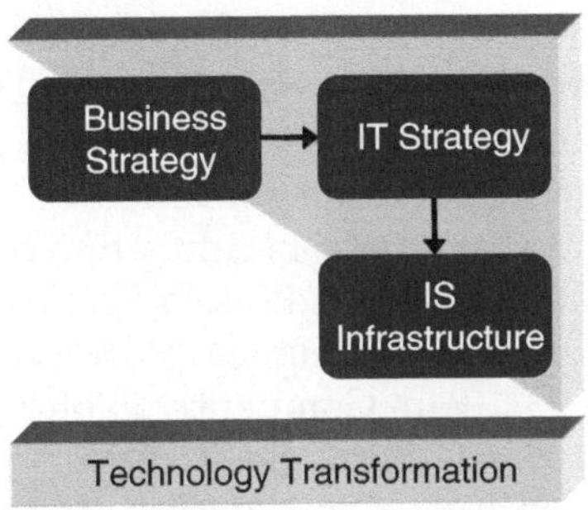

Abb. 2.19: Technology Transformation
In Anlehnung an: Quellen: [Henderson93]

Bei der Vorgehensweise *Technology Transformation* werden die Geschäftsstrategien durch die IT ermöglicht [Luftman93]. Unabhängig von den „Restriktionen der bestehenden Organisation" [Teubner06] wird eine an den Unternehmenszielen ausgerichtete IT-Strategie, unter Einwirkung der Geschäftsstrategien, evolviert. Auf Grundlage der entstandenen IT-Strategie werden die notwendigen informationstechnischen Infrastruktur- und Prozessmaßnahmen eingeleitet und umgesetzt. Unternehmen, die dieses Vorgehen praktizieren, streben in aller Regel Wettbewerbsvorsprünge durch Technologieführerschaften bzw. technologische Innovationen an. Voraussetzung hierfür ist, dass das Management technologisch bewandert ist und den Markt und die eigenen Stärken und Schwächen bezogen auf die IT kennt [Luftman93]. Entsprechend müssen die IT-Verantwortlichen die Rolle von Architekten übernehmen, d.h. sie müssen es verstehen, die Vorgaben des Geschäfts treffend in IT-Strategien mit zugehörigen Maßnahmen umzusetzen [Henderson93].

Eine andere Herangehensweise beschreibt das *Competitive Potential Alignment*, bei der die IT der Treiber für strategische Unternehmensziele, neue Produkte und Dienstleistungen ist [Henderson93]. Die Schaffung möglicher Wettbewerbsvorteile beruht auf vorhandenen IT-Kompetenzen, durch deren Einsatz Wettbewerbschancen erkannt werden und die eigene Marktposition gestärkt wird [Luftman93]. Beim Competitive Potential Alignment leitet zunächst die IT-Strategie Impulse an das Business weiter und beeinflusst damit dessen Zielsetzungen. Dadurch werden dem Business Chancen zur Stärkung der Marktposition und zur Schaffung von Wettbewerbsvorteilen ermöglicht, die von der IT angetrieben werden. Im nächsten Schritt findet dann die Maßnahmenumsetzung entsprechend der neuen Anforderung in der Transformation der organisatorischen Strukturen statt [Luftman93]. Hierbei nimmt das Management die Rolle eines Geschäftsvisionärs ein, der sich die vorhandenen IT-Kompetenzen und die sich wandelnden Gegebenheiten des IT-Markts für die eigenen Unternehmensziele zu nutze macht [Henderson93]. Demgegenüber wird der IT-Führung die Rolle eines „Katalysators" (Catalyst) zugeteilt, der technologische Trends identifiziert und interpretiert. Zu seinem Zuständigkeitsbereich gehört beispielsweise die Erhebung von sich ergebenden Chancen und Gefahren für das Management [Henderson93].

Neben diesen drei exemplarisch vorgestellten Methoden existieren weitere Ansätze, deren Herangehensweisen entlang des SAM nachvollzogen werden können (vgl. [Ansias08, Henderson93, Luftman93, Teubner06]). Generell hat das SAM, insbesondere in der Forschung, große Beachtung gefunden und wurde von einigen Forschern weiterentwickelt (z.B. „The Generic Framework for Information Technology", vgl. [Maas99]) bzw. diente als Grundlage für die Erstellung neuer Modelle (z.B. „The Unified Framework for Alignment", vgl. [Maas00]).

In den vergangenen Jahren konnte die konzeptionelle und praktische Relevanz des SAM vereinzelt empirisch nachgewiesen werden [Avison04]. Während das Modell in der Praxis kaum zuspruch bekamm, ist es auch auf wissenschaftlicher Ebene nicht frei von Kritik. Dem SAM wird beispielsweise vorgeworfen,

1. aufgrund des hohen Abstraktionsniveaus zu Operationalisierungsproblemen zu führen [Wehmeyer04, Ciborra97],

2. zu viele relevante Einflussfaktoren des Alignments zu vernachlässigen [Maas99],

3. durch zu stringente Handlungsschritte nicht den dynamischen und flexiblen Anforderungen an ein Alignment standzuhalten [Maas99],

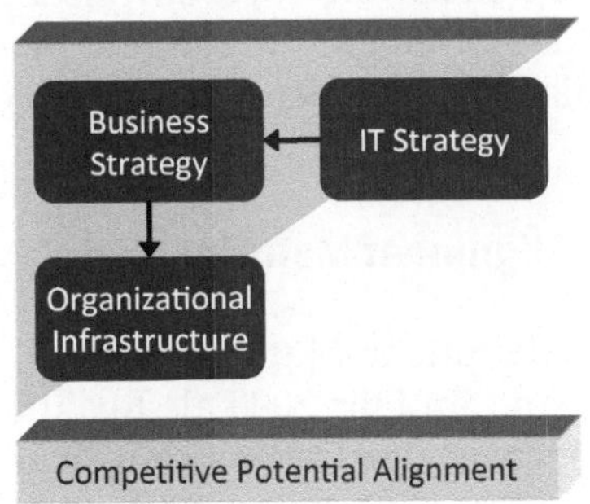

Abb. 2.20: Competitive Potential Alignment
In Anlehnung an: Quellen: [Henderson93]

4. vorwiegend konzeptionell relevant zu sein und zu wenig konkrete Umsetzungsschritte für die Praxis aufzuweisen [Avison04],

5. die betrieblichen Abläufe durch regelmäßige Zerstörung der bestehenden Kompetenzen und Strukturen im Unternehmen zu behindern (herbeigeführt durch kontinuierliche Forderungen nach neuen Innovationsprozessen) [Wehmeyer04],

6. eine zu strikte und wohlmöglich nicht praxisgerechte Separierung von IT und Geschäft vorzunehmen [Wehmeyer04].

Das SAM stellt ein grundsätzliches Methodenkonstrukt für das Strategic Alignment dar, welches auf abstrakter Ebene die verschiedenen Unternehmensvariablen für ein Alignment adressiert und mögliche Vorgehensweisen zu dessen Durchführung hervorhebt. Modernere Forschungsarbeiten tendieren dazu, Maßnahmen und Methoden für ein Alignment auf Basis von Erfolgsfaktoren und unter Anwendung empirisch bestätigter und in der Praxis akzeptierter Vorgehensweisen vorzuweisen. Im folgenden Kapitel wird das Strategic Alignment Maturity Framework als Beispiel eines solchen Vorgehens vorgestellt.

2.7 Strategic Alignment Maturity Model

Das Strategic Alignment Maturity Model (SAMM) von Luftmann entstand im Jahr 2000 als Reaktion auf präsente Fragestellungen in der Praxis zum Thema Alignment. Das Modell bietet Unternehmen einen Maßstab zur Bewertung ihres Alignments hinsichtlich des aktuellen Standes und eventueller Verbesserungsmöglichkeiten

[Luftman00]. Das Grundkonzept des Modells beruht auf dem bewährten Reifegradkonzept des Capability Maturity Model (CMM) (vgl. [Paulk93]).

Capability Maturity Model (CMM)

Das CMM ist ein Prozessmodell, welches bestimmte Prozesse der Softwareentwicklung auf Basis vordefinierter Kriterien evaluiert. Dem Konzept liegen fünf Reifegradstufen zugrunde, die, ähnlich einer Notenskala, jeweils eine gewisse Leistungsfähigkeit des Prozesses charakterisieren. Best-Practice-Ansätze und Ausprägungen der höheren Level stellen Anhaltspunkte zur Verbesserung der Prozessaktivitäten bereit. Das Befolgen und die Anwendung des CMM ist mit nicht unerheblichem Mehraufwand verbunden, jedoch rechtfertigen wissenschaftlich bestätigten Performancesteigerungen, z. B. durch Kostensenkung, Qualitäts-, Produktivitätsteigerungen, etc. (vgl [Gibson06]), ein solches Vorgehen.

Reifegradmessungen

Initiale Untersuchungen von Unternehmen aus dem Jahr 2000 auf Basis des SAMMs ergaben, dass die meisten Firmen sich auf der zweiten Reifegradebene befinden (vgl. [Luftman00]). Neuere Erkenntnisse stufen allerdings den Großteil der Unternehmen bereits auf die dritte Stufe ein (vgl. [Luftman07]) und zeigen damit, dass sich ein grundsätzlicher Wandel in den Unternehmen bereits vollzogen hat. Diese Entwicklung lässt sich beispielsweise am Verlaufsprozentsatz der Unternehmen ablesen, die sich über dem zweiten Level befinden: Wurde in den Jahren 2000–2003 ca. 75% der Unternehmen ein Reifegradlevel der mindestens dritten Stufe bescheinigt, so waren es von 2004–2007 bereits mehr als 93% der Unternehmen, die sich auf dem dritten oder einem höheren Level befanden (vgl. [Luftman07]). Dieser Fortschritt belegt, dass die meisten Betriebe die Notwendigkeit der Verbesserung ihres Alignments erkannt haben und bereits darauf reagieren. Das SAMM bietet hierzu ein Instrument zur Unterstützung des Vorhabens an.

Bestandteile des Modells

In die Entwicklung des Modells ist zum einen das Komponentenkonzept der zwölf Domänen des SAM und ihre wechselseitigen Beziehungen zueinander eingeflossen (vgl. Abb. 2.17), zum anderen wurden Erkenntnisse aus vorausgegangenen Studien über Enablers und Inhibitors (vgl. [Luftman99], Kap. 2.5) des Strategic Alignment mit einbezogen [Luftman00].

Gemäß dem generellen Prinzip der Reifegradmodelle wird nach der Ist-Analyse des Alignment ein Soll-Konzept unter Berücksichtigung der höheren Reifegradlevel entwickelt. Folglich werden bei der Anwendung des SAMM-Assessment

1. der aktuelle Alignmentzustand identifiziert,

2. anhand des Alignmentzustands der zutreffende Reifegrad ermittelt und schließlich

3. mögliche Verbesserungsmaßnahmen aus der nächst höheren Reifegradstufe abgeleitet.

Analog zum CMM besteht das SAMM ebenfalls aus fünf evolutionären Reifegradebenen. Zur Beurteilung und Bestimmung des Alignmentgrads sind für jede Ebene sechs Kriterien definiert, anhand derer der Ist-Zustand im Unternehmen gemessen werden kann (vgl. Abb. 2.21):

- **Communications**

  Die Kommunikation umfasst die Effektivität des Ideen-, Wissens- und Informationsaustauschs zwischen IT- und Fachabteilung. Bewertet werden

Communications
- Understanding of Business by IT
- Understanding of IT by Business
- Inter/Intra-Organizational learning
- Knowledge Sharing
- Liaison(s)effectiveness

Value
- IT Metrics
- Business Metrics
- Balanced Metrics
- Service Level Agreements
- Benchmarking
- Formal Assessments/Reviews
- Continuous Improvement

Governance
- Business Strategic Planning
- IT Strategic Planning
- Reporting/Organization
- Structure
- Budgetary Control
- IT Investment Management
- Steering Committee(s)
- Prioritization Process

IT Business Alignment Maturity Criteria

Partnership
- Business Perception of IT Value
- Role of IT in Strategic Business Planning
- Shared Goals, Risk, Rewards / Penalties
- IT Program Management
- Relationship/Trust Style
- Business Sponsor/Champion

Scope & Architecture
- Traditional, Enabler/Driver, External
- Standards Articulation
- Architectural Transparency
- Flexibility
- Managing Emerging Technology

Skills
- Innovation, Entrepreneurship
- Locus of Power
- Management Style
- Change Readiness
- Career crossover
- Education, CrossTraining
- Social, Political, Trusting Environment

Abb. 2.21: SAMM Kriterien
Quelle: [Luftman07]

zudem das gemeinsame Verständnis der Unternehmensziele, –strategien und –pläne [Luftman07] sowie das Bewusstsein für die gegenseitigen Fähigkeiten und Potentiale [Chew09].

- **Competency/Value Measurements**

  Diese Komponente umfasst das Vermögen, den Beitrag der IT zum Business Value nachvollziehbar aufzuweisen. Die Verwendung geeigneter Messinstrumente zur Bewertung der IT- und der Business-Seite kreiert eine gemeinsame Akzeptanzbasis für neue Initiativen [Luftman07].

- **Governance**

  Die Governance umfasst die Betrachtung der Befugnisse in Bezug auf IT-relevante Entscheidungen und die Verfahrensweisen zur Priorisierung und Zuteilung von IT-Ressourcen [Luftman07].

- **Partnership**

  Die Partnerschaftsdomäne umfasst die Beziehung zwischen IT- und Fachabteilungen. Zu den Fragestellungen in diesem Zusammenhang gehören z. B. die Rolle der IT bei der Entwicklung der Geschäftsstrategie und das gegenseitige Vertrauens- und Wahrnehmungsverhältnis [Luftman07].

- **Scope and Architecture**

  Diese Komponente umfasst die Bereitstellung flexibler Infrastrukturen, die Bewertung und Anwendung innovativer Technologien, das Ermöglichen und Vorantreiben von Geschäftsprozessoptimierungen sowie der Beitrag an werthaltigen und angepassten Kunden-/Partnerlösungen seitens der IT [Luftman07].

- **Skills**

  Die Fähigkeiten adressieren die personalbezogenen Faktoren einer Unternehmung. Zu berücksichtigende Faktoren dieses Kriteriums sind beispielsweise Aspekte bezüglich Personaleinstellungen und -weiterbeschäftigungen, Besoldungen, berufliche Bildungsmöglichkeiten, Leistungs-Feedback, Motivationsförderungen, Karriereperspektiven, kulturelle und auch soziale Unternehmensbegebenheiten [Luftman00].

Reifegradstufen

Das SAMM definiert auf jedem Reifegradlevel bestimmte Zustände der verschiedenen Kriterien. Die Bewertung eines Unternehmens auf Basis dieser Kriterien ermöglicht die Identifizierung des korrespondierenden Reifegrades gemäß der Modelldefinition. Entlang der Hierarchie werden, aufsteigend vom initialen Alignment-Prozess, kontinuierlich die nachfolgenden anzustrebenden Reifestufen bis hin zum optimierten Prozesszustand skizziert (vgl. Abb. 2.22, [Luftman07]):

1. **Level – Initial/Ad Hoc Processes**

   Die initiale Stufe des SAMM beschreibt einen gänzlich mangelhaften Zustand des Alignment. Kennzeichnend für diese Ebene ist die häufig fehlende Kommunikation zwischen IT- und Fachabteilungen, eine mangelnde Werteinschätzung der Tätigkeiten der jeweiligen Gegenseite und geringe Vertrauensverhältnisse untereinander. Weiterhin wird die IT zumeist als reiner Kostenfaktor betrachtet.

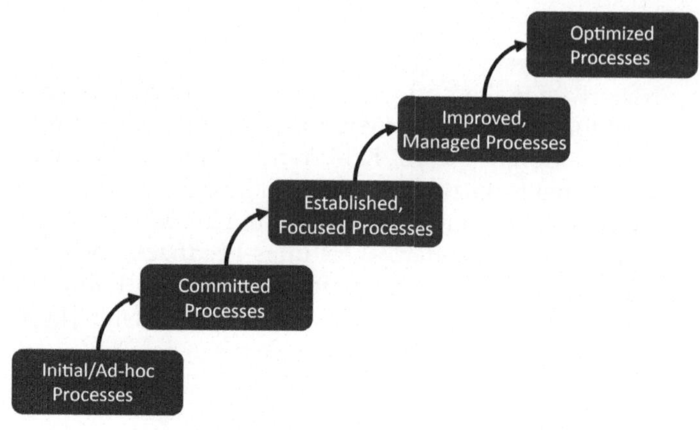

Abb. 2.22: Reifegradstufen des SAMM
In Anlehnung an: Quellen: [Luftman07]

2. Level - Committed Processes

Auf der zweiten Reifegradstufe sind bereits Ansätze eines Alignment anzutreffen. Erste Initiativen zur Verbesserung der wechselseitigen Beziehungen existieren zumindest auf Abteilungs-, Funktions- oder auf geographischer Ebene. Auch Rollen und Verantwortlichkeiten zwischen Business und IT sind teilweise verstanden, Interaktionen der Verantwortlichen basieren aber dennoch nicht auf übergreifenden partnerschaftlicher Ebene. Weiterhin sind IT-Maßnahmen vorwiegend technisch und kostenorientiert, kaum mit den Prozessen der Fachseite verbunden und unterliegen in der Regel auch keiner gemeinsam Förderung.

3. Level - Established Focused Processes

Die dritte Maturity-Stufe ist geprägt von einem grundlegenden Verständnis für die Aufgaben und Beiträge der jeweils anderen Seite zum Unternehmenserfolg. IT-Maßnahmen und Service-Level-Agreements (SLA) sind zum großen Teil unternehmensweit integriert. IT-Ausgaben werden nunmehr durch festgelegte Budgets kontrolliert und auch das Potential der IT in Bezug auf Wertbeiträge wird von den Fachabteilungen zunehmend berücksichtigt und akzeptiert. Zusätzlich existieren auf diesem Level bereits einige Standards und Definierungen.

4. Level – Improved/Managed Processes

Die vierte Reifegradstufe hebt sich von der vorherigen Stufe dadurch ab, dass die Prozesse und Abläufe zwischen IT und Business nicht mehr nur unternehmensweit definiert und standardisiert sind, sondern zusätzlich aktiv gemanagt werden. Für Unternehmen dieser Stufe ist die IT längst kein Kosten-Center mehr, sondern eher ein Wert-Center und zugleich strategischer Geschäftspartner bei der Optimierung der Geschäftsabläufe und der Schaffung von Wettbewerbsvorteilen [Luftman00]. Ebenfalls existiert ein weitgehendes Verständnis der IT für das Business und umgekehrt. Regelmäßige Absprachen und Meetings sowie gemeinsame Planungen gewährleisten unternehmensweit eine hohe strategische, taktische und operative Effektivität der Unternehmensperformance.

5. Level – Optimized Processes

Unternehmen mit dem obersten Reifegradlevel repräsentieren höchst strategisch ausgerichtete Betriebe. Kennzeichnend für diese Stufe sind weitgreifende Governance-Richtlinien, welche die IT vollständig in die Planungsprozesse des Geschäfts einbinden [Luftman00]. Diese Unternehmen zeichnen sich weiterhin dadurch aus, dass sie neben der unternehmensweiten Ausrichtung zusätzlich externe Geschäftspartner in ihre Alignment-Unternehmungen einbeziehen.

Eine detaillierte Beschreibung der Reifegradstufen des SAMM mitsamt der jeweiligen Ausprägungen der einzelnen Kriterien kann im Anhang (vgl. Kap. 2.7), in [Luftman03] und in [Luftman07] nachgeschlagen werden.

Zur Durchführung eines solchen Maturity-Assessments empfiehlt sich die Hinzunahme von externen Beratern. Insbesondere Unternehmen mit niedriger Alignment-Reife fällt es häufig schwer, die Barrieren zwischen IT und Business zu überwinden. Darüber hinaus existieren oftmals festgefahrene Abläufe und Verhaltensmuster, die auf die Initiierung von Änderungen erschwerend einwirken. Die Einbeziehung einer externen und objektiven Beratungsinstanz kann als neutrale Vermittlung zwischen Fach- und IT-Abteilung fungieren und gleichzeitig deren firmenfremdes Know-how, Erfahrungen und Best-Practice-Konzepte bei der Erarbeitung von Lösungen einbringen.

Korrelation zwischen Reifegraden und Business Value

Komplementär zu den Befunden für das CMM konnten auch für das SAMM positive Beziehungen zwischen hohen Reifegraden und höherer Business Value Generierung festgestellt werden. Nash konnte beispielsweise in der Pharmaindustrie positive Korrelationen zwischen hohen Reifegraden des SAMM und

1. höherem Umsatz,
2. höherer Produktivität und
3. höherer Rentabilität

auf Unternehmensebene ermitteln und empirische Belege für den Gebrauch des SAMM als ein geeignetes Instrument zur Beurteilung des Alignment-Reifegrads finden [Nash06]. Auch die Anwendung des Modells auf öffentliche malaysische Bildungseinrichtungen konnte zur Gültigkeit des Modells und seiner Ansätze beitragen (vgl. [Basir06]).

Kritik am SAMM

Sowohl das SAM wie auch das SAMM stellen zwei aus der Theorie entstandene Modellrahmen für das Strategic Alignment, die in der Praxis bislang nur wenig Resonanz gefunden haben. In Bezug auf das SAMM kann dieser Umstand wohlmöglich auf den Umstand zurückgeführt werden, dass es zwar vorhandene Schwachstellen, aber keinen unternehmensindividuellen Handlungsweg zur Verbesserung aufzeigt. Obwohl mit Ausblick auf die höheren Reifegradstufen Ansatzpunkte für mögliche Zielzustände bereitgestellt werden, fehlen dem SAMM

„konkrete Hinweise, wie die einzelnen Prozesse verbessert werden können" ebenso wie die „Unterstützung im Sinne von Handlungsanweisungen, Beispielsituationen oder exemplarisch vorgestellten Instrumenten, Methoden und Techniken" [Wendler09] zur Erreichung der höheren Stufe. Generell unterliegen Reifegradmodelle der Kritik (vgl. [Jugdev02]),

- zu unflexibel zu sein,
- nicht die Anforderung der dynamischen Wandlungsfähigkeit der Unternehmen zu berücksichtigen,
- nicht zur Problemlösung, sondern nur zur Problemidentifizierung beizutragen und
- zu wenige Reifegradstufen zur Messung von zeitlichen Fortschritten bereitzustellen.

Daraus lässt sich ableiten, dass das SAMM zwar beim Alignment-Zielprozess unterstützend mitwirken kann, es allerdings entgegen Luftmanns Auffassung nicht als einziges Methodenkonstrukt bei dieser Betrachtung geeignet ist. Das SAMM eignet sich vielmehr als ein Maßnahmenelement von vielen bei der Schaffung des Alignments, insbesondere bei der Ermittlung der gegenwärtigen Ist-Situation und der Identifizierung von vorhandenen Schwachstellen.

Wie schon der von Tallon et al. beobachtete Alignment-Paradoxon andeutet und den Kritikpunkten des SAMs und SAMMs entnommen werden kann, muss die Unternehmens- und IT-Ausrichtung dynamischen und komplexen Einflusselementen standhalten. Daraus leitet sich als Konklusion für einen praxistauglichen Vorgehensansatz die Berücksichtigung aller strategierelevanten Faktoren ab. Ein solcher Rahmen kann demnach keine starren Abfolgen enthalten, sondern muss vielmehr Methoden bereitstellen, die gleichermaßen die flexiblen und unternehmensindividuellen Gegebenheiten in Betracht ziehen.

Auf dieser Basis kann ein effektives Vorgehen zusätzlich mit Hilfe klassischer Instrumente und Frameworks des strategischen Managements unterstützt werden. Diese sind bereits vielfach angewendet und bestätigt worden, werden sowohl von der Business- als auch von der IT-Seite verstanden und können ohne großen Aufwand auf den Ausrichtungsprozess übertragen werden. Im nachfolgenden Kapitel wird versucht, mit Hilfe der Konzipierung eines Vorgehensrahmens einen Beitrag zur ganzheitlichen Unterstützung des Alignments zu leisten.

3 Vorgehensweisen des Strategic Alignments

Ein Strategic Alignment kann in vielerlei Hinsicht einen positiven Einfluss auf das Unternehmen haben. Die Schaffung der strategischen Ausrichtung selbst hängt dabei ebenfalls von zahlreichen Faktoren und Gegebenheiten ab, u.a. von einer adäquaten Vorgehensweise zu ihrer Umsetzung. In diesem Rahmen kann auf die Anwendung von Vorgehensmodellen zurückgegriffen werden, die eine strukturierte Planung, Implementierung und Steuerung dieses Prozesses unterstützen.

3.1 Vorgehen zur Entwicklung des Alignments nach Horváth & Partners

Die Managementberatung Horváth & Partners hat auf Basis ihrer langjährigen Projekterfahrungen einen Ansatz zur Entwicklung des Business-IT Alignments aufgestellt (vgl. [Blankenhorn08]). Grundlage des Phasenmodells bilden die beiden Lösungsansätze der *Strategie-Prozess-Synchronisation* und des *IT-Business Alignment Cycle*. Zudem wird das Vorgehen um „bewährte Instrumente der Strategiedefinition und -umsetzung" [Blankenhorn08] erweitert, die das Managen und die Aufrechterhaltung des Alignments erleichtern. Nach Blankenhorn et al. ermöglicht diese Methodik, bei „vertretbarem Aufwand

I. Bashiri et al., *Strategic Alignment*, Informatik im Fokus,
DOI 10.1007/978-3-642-11438-0_3, © Springer-Verlag Berlin Heidelberg 2010

relevante Erfolge bei der Umsetzung und permanenten Verbesserung des Business-IT-Alignment" [Blankenhorn08] zu erzielen.

Strategie-Prozess-Synchronisation

Das Modell der *Strategie-Prozess-Synchronisation* ist ein Framework zur Synchronisation der Businessstrategie und -prozesse mit den Funktionalstrategien und -prozessen. Ihr Ziel ist es, durch die Operationalisierung der Funktionalstrategien u.a. die IT-Strategie sowie die entsprechenden IT-Prozesse abzuleiten [Blankenhorn08].

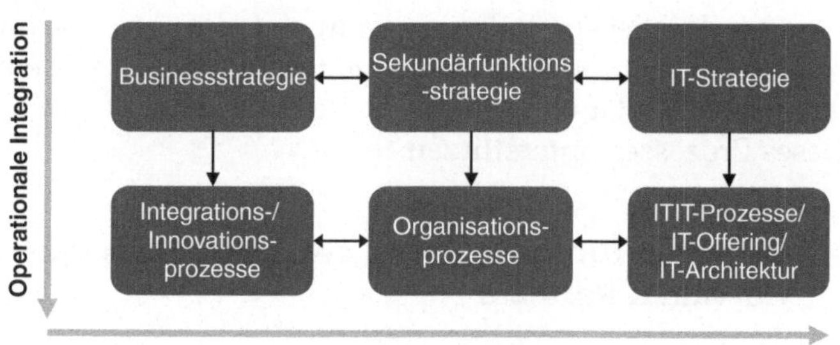

Abb. 3.1: Modell zur Strategie-Prozess-Synchronisation
In Anlehnung an: Quellen: [Blankenhorn08]

Abbildung 3.1 zeigt die beiden Dimensionen der Strategie-Prozess-Synchronisation und die Einflussbeziehungen zwischen den Komponenten. Die horizontale Dimension adressiert die *funktionale Ausrichtung* von Business-, IT- und Sekundärfunktionsstrategien sowie der zugehörigen Integrations-, IT- und Organisationsprozesse. Die vertikale Dimension zeigt die *operationale Integration* zwischen den

Strategiefeldern und den jeweiligen Prozessen. Die einzelnen Teilbereiche des Modells stehen dabei in Abhängigkeit zueinander, d.h. Änderungen einer Komponente haben ebenfalls Auswirkungen auf andere Bereiche [Blankenhorn08].

IT-Business Alignment Cycle

Das Modell des *IT-Business Alignment Cycle* beschreibt einen aus vier Phasen bestehenden Kreislauf zur Steuerung von Alignment-Aktivitäten.

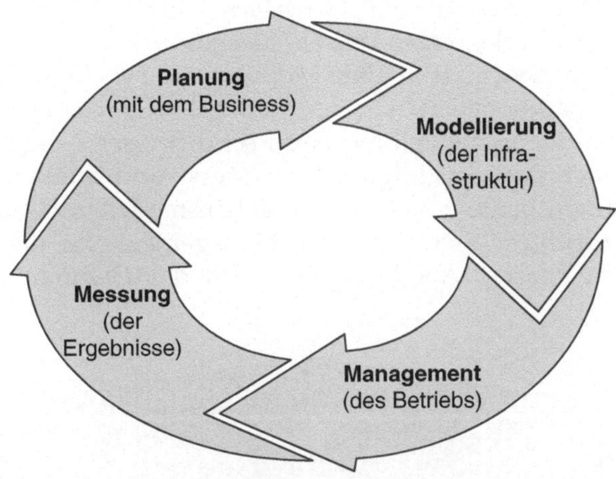

Abb. 3.2: IT/Business Alignment Cycle
In Anlehnung an: Quellen: [Blankenhorn08]

Wie in Abb. 3.2 dargestellt, setzt sich das Modell zusammen aus (1) der *Planungsphase*, in der die Identifikation und Priorisierung der für die Unternehmensziele erfolgskritischen IT-Services stattfindet, (2) der *Model-*

lierungsphase, in der hinsichtlich der Infrastruktur die IT-Komponenten den entscheidenden Geschäftsprozessen zugeordnet werden, (3) der *Managementphase*, in deren Rahmen die Unterstützung der Anwender und die Steuerung der Infrastrukturressourcen stattfindet, und (4) der *Messphase*, in der die Handlungen quantitativ überprüft und die Ergebnisse als Vorlage für weiteren Maßnahmen berücksichtigt werden [Remedy03].

Der Ansatz von Horváth & Partners

Der *Ansatz von Horváth & Partners* nutzt „die grundlegenden Überlegungen des IT/Business Alignment Cycle und berücksichtigt in allen Modulen die Synchronisation und Operationalisierung der Strategie" [Blankenhorn08]. Neben der Sicherstellung eines schrittweisen Vorgehens und der Berücksichtigung von Mess- und Steuerungsverfahren bedient sich das Vorgehensmodell zahlreicher Instrumente des strategischen Managements für die einzelnen Phasen. Abbildung 3.3 zeigt das Gesamtmodell

Business-IT Alignment

Operatives Projektdefinitions- modell und ICR	7K-Modell	IT-Card	Strukturierte KPI Steuerung
Durchführung der für das Business relevanten Projekte	Umfeldanalyse zur Ermittlung des strategischen Kerns der IT	Ausrichtung der IT- Ziele an den Unternehmens- zielen	Operationalisierung der Steuerung der IT

Abb. 3.3: Gesamtmodell Horváth & Partners Business-IT-Alignment
In Anlehnung an: Quellen: [Blankenhorn08]

des Business-IT-Alignment nach Horváth & Partners, welches sich zusammensetzt aus (1) dem *operativen Projektdefinitionsmodell* und der *Information Capital Readiness Methode*, (2) dem *7K-Modell*, (3) der *IT-Card* (4) und der *KPI-Steuerung*.

Operatives Projektdefinitionsmodell und Information Capital Readiness

Für die Schaffung einer ganzheitlichen Ausrichtung zwischen Geschäft und IT ist zu Beginn des Vorhabens eine angemessene Planung erforderlich. „Ziel des operativen Projektdefinitionsmodells ist die Definition und Priorisierung von Vorhaben, um die Projekte zu ermitteln, die von der IT auszuführen sind, um das Business effektiv und kostenoptimal zu unterstützen" [Blankenhorn08]. Dazu werden die fachlichen Anforderungen an das IT-Service Portfolio gemeinsam von den Fachbereichen und der IT ermittelt und anhand ihrer Dringlichkeit und ihrem Wertbeitrag zur Förderung der Unternehmensziele in eine Rangfolge eingeordnet. Um darauf aufbauend die „Strukturierung und Bewertung der Anforderungen an das bestehende Applikationsportfolio" [Blankenhorn08] zu unterstützen, eignet sich die Information Capital Readiness (ICR) Methode, welche den „aktuellen Zufriedenheitsgrad des Business bzgl. der genutzten Applikationen in Verbindung mit den strategischen Prozessen der Businessbereiche" [Blankenhorn08] bewertet. Nach Blankenhorn et al. schaffen diese beiden Methoden gemeinsam „ein optimiertes Projekt- und Applikationsportfolio", „das strategiekonform zu einer erhöhten Planungssicherheit für das Gesamtunternehmen führt" [Blankenhorn08].

7K-Modell

Mit dem Augenmerk auf die Schließung der Lücke zwischen „der Definition des Applikations- und Projektportfolio und der IT Strategie" wird das *7K-Modell* im Kontext des Alignments zur „Umfeldanalyse und zur Definition des strategischen Kerns der IT" [Blankenhorn08] genutzt. Im Hinblick auf die strategischen Aspekte

1. Kundenwahrnehmung,
2. Kundenschnittstelle,
3. Wertkette,
4. Kooperation,
5. Konzepte für die Zukunft und
6. Humankapital

bringt sich das Modell bei der Ableitung der IT-strategischen Ausrichtung mit ein und liefert die Ausgangsbasis für die Zieldefinition der IT-Card [Blankenhorn08].

IT-Card

Eine Balanced Scorecard (BSC) ist ein „Instrument zur Strategieumsetzung und Strategiekommunikation", das auf Basis einer bereits ausformulierten Strategie die „noch eher vage[n] strategische[n] Aussagen in konkrete Aktionen" überführt [Wöhler03]. Sie ermöglicht eine gleichgewichtige bzw. „ausgewogene" Betrachtung von unternehmenskritischen Perspektiven. Üblicherweise werden in der klassischen Unternehmenssteuerung die Perspektiven Finanzen, Kunden, Prozesse sowie

Lernen und Entwicklung betrachtet, wobei jede Perspektive individuell hinsichtlich strategischer Ziele, Messgrößen, Zielwerten und strategischer Aktionen definiert wird [Wöhler03].

Adaptiert für die Anwendung des Alignments „werden die durch die Unternehmensleitung und Business Bereiche definierten Ziele über alle Hierarchieebenen der IT heruntergebrochen und in einer spezialisierten IT Card geführt" [Blankenhorn08]. Dadurch wird ein einheitlicher Rahmen zur „effiziente[n] und effektive[n] operative[n] Steuerung" [Gschwendtner08] geschaffen, „der die zielgerichtete Steuerung der IT ermöglicht und eine inhaltliche Weiterentwicklung der IT in Qualität, Kosten und Zeiten anstrebt" [Blankenhorn08]. Als Zieldimensionen für die IT-Card bieten sich die Perspektiven

1. Finanzen,

2. Kunden der IT / Zuverlässigkeit,

3. Risikomanagement / Sicherheit,

4. Prozesse / Standardisierung sowie

5. Potenziale

an [Gschwendtner08]. Analog zur BSC werden diese ebenfalls durch KPIs charakterisiert und in Relation zueinander betrachtet.

KPI-Steuerung

Die Messung von *KPIs* schafft Transparenz über den tatsächlichen Zustand der Abläufe und des Alignments. Erst dadurch wird die effektive Initiierung und Steuerung der notwendigen Maßnahmen ermöglicht. Die KPI-Steuerung erfolgt durch die Zerlegung der „in der IT-Card definierten Top-Level Ziele [...] auf einzelne IT-Fachbereiche, Business-Prozesse, IT-Prozesse und IT-Systeme" [Blankenhorn08]. Zu beachten ist dabei, dass hinsichtlich der Messungen zum einen Aspekte der IT-Kostensteuerung adäquat berücksichtigt, zum anderen aussagekräftige Ergebnisse für die Business-Sicht erhoben werden müssen [Blankenhorn08]. Letzteres ist vor allem dahingehend von Bedeutung, um den Beitrag des Vorhabens zur Unterstützung der Geschäftsziele zu ermitteln.

3.2 Modifizierte Vorgehensweise für das Strategic Alignment

Bei der hier entwickelten Vorgehensweise für das strategische Alignment handelt es sich um einen modifizierten Ansatz des Gesamtmodells nach Horváth & Partners. Neben dessen wesentlichen Bestandteilen wurde dieses Modell u.a. um Erkenntnisse aus der Alignment-Forschung, Elemente der klassischen Unternehmenssteuerung sowie um Bestandteile des Projektmanagements erweitert.

Mit einem übergreifenden Vorgehen im Rahmen von gezielten Projekten, welche unternehmensweit greifen und im Idealfall die Unterstützung des Managements genießen, kann ein wesentlicher Beitrag zur Aufwertung des Alignment-Zustands geleistet werden. Ein derartiges Vorgehen hängt jedoch entscheidend von typischen Erfolgsfaktoren eines Projektvorhabens ab – dazu gehören neben dem Management-Support beispielsweise die Leitung durch eine kompetente und entscheidungsbefugte

Projektführung, die richtige Zusammensetzung der Teammitglieder mit dem erforderlichen Know-how, die Definition, Realisierung und Überwachung der anvisierten Ziele, sowie die Instituierung von Zeit-, Aufwands- und Ressourcenplanungen.

Der modifizierte Ansatz für das Strategic Alignment lässt sich im Wesentlichen durch einen Kreislaufmodell darstellen, bestehend aus den fünf Phasen *Strategische Planung, Demand- und Portfoliomanagement, Governance* und *IT-Performance Measurement* und begleitet von einem konsequenten Projektmanagement (vgl. Abb. 3.4). Im Folgenden werden die einzelnen Phasen vorgestellt. Zudem

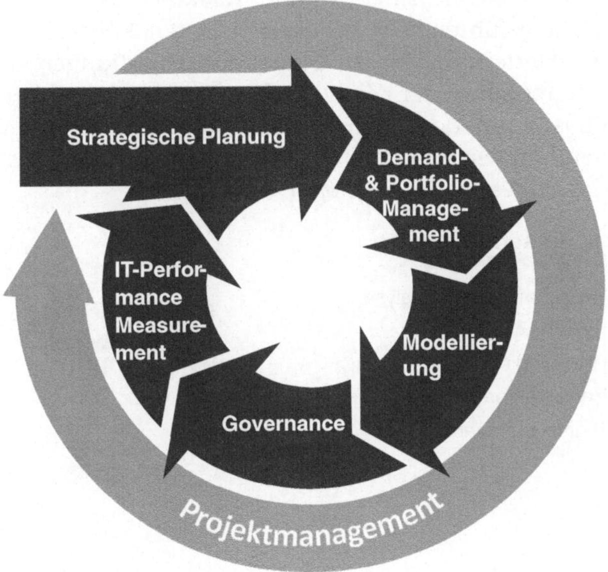

Abb. 3.4: Modifizierte Vorgehensweise für das Strategic Alignment

werden diverse Instrumentarien und Tools aufgezeigt, die für die effektive und erfolgreiche Unterstützung der einzelnen Schritte verwendet werden können.

3.2.1 Strategische Planung

Die Initiierung eines Projektes für die strategische Ausrichtung des Unternehmens beginnt mit der *strategischen Planung*. Diese Phase dient dazu, offensichtliche Schwachstellen des Betriebs in Bezug auf seine Business-IT Performance hervorzuheben und evtl. bereits erste Voranalysen für die nachfolgenden Handlungen in Form von Wirtschaftlichkeits- und Risiko-/Chancen-Analysen durchzuführen. Die erhobenen Daten können dann für die Herleitung der zu planenden Handlungen und der Eingrenzung der Zielvorhaben in den anschließenden Phasen hinzugezogen werden. Weiterhin können aus ihnen Hinweiskriterien für die fachliche Zusammensetzung des Projektteams abgeleitet werden.

Strategische Planung

> Wirtschaftlichkeitsanalyse
> SWOT-Analyse
> IT-Strategie
> Erfolgsfaktoren
> Teamzusammenstellung

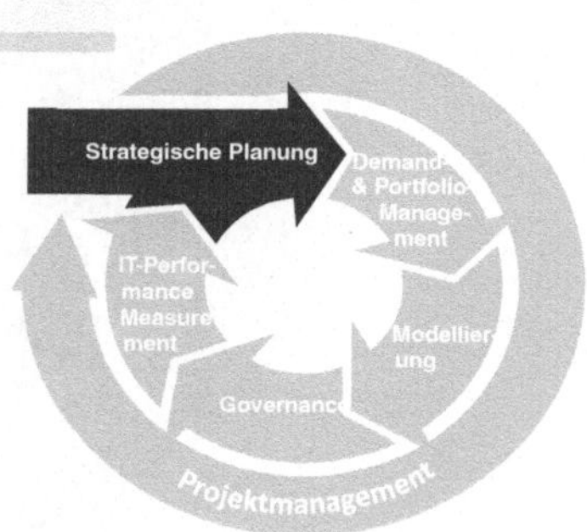

Abb. 3.5: Strategische Planung

Wirtschaftlichkeits- und SWOT-Analyse

Die *Wirtschaftlichkeitsanalyse* (vgl. Abb. 3.6) umfasst eine Bewertung vorhandener Prozesse und Dienstleistungen in der Organisation in Abhängigkeit zu ihren jeweiligen Kosten und Nutzen. In dieser initialen Phase geht es weniger um eine detaillierte Erfassung aller Komponenten als vielmehr um eine vordergründige Bestimmung von Kernelementen des Betriebablaufs, bezogen auf ihren Wertbeitrag.

Bei der *SWOT-Analyse* (vgl. Abb. 3.6) handelt es sich um die Gegenüberstellung von Stärken und Schwächen des Unternehmens (Unternehmensanalyse) und den Chancen und Risiken des Marktumfelds (Umweltanalyse). Diese Darstellungsform ermöglicht, die internen Unternehmensfaktoren den externen Marktgegebenheiten zuzuordnen und daraus evtl. Schlüsse für Strategien und Maßnahmen zu schließen. Besonders interessant in diesem Kontext

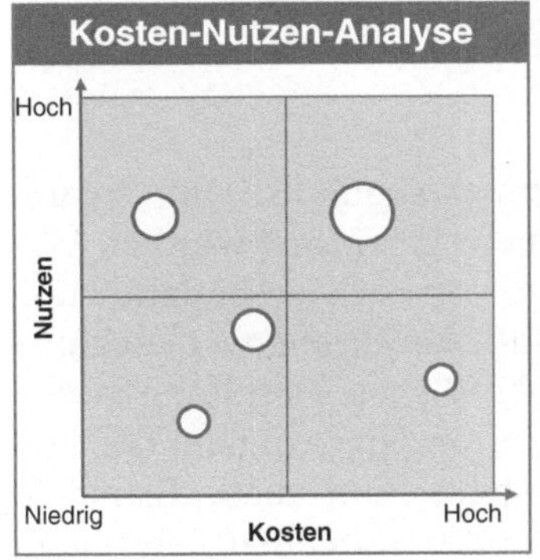

Abb.3.6: Wirtschaftlichkeits- und SWOT-Analyse

ist die zusammenhängende Betrachtung der Unternehmensstärken und Umweltchancen: sie adressiert die Nutzung der unternehmenseigenen Stärken zur Wahrnehmung erfolgsversprechender Chancen. Kritisch müssen aber Chancenfelder betrachtet werden, hinsichtlich derer das Unternehmen nur schwach aufgestellt ist. Die Aufmerksamkeit sollte darauf abzielen, diese Schwächen zweckmäßig in Stärken zu wandeln, um das Chancenpotential wahrnehmen zu können. Die Erhebung einer SWOT-Analyse sollte bei der Anwendung für das Alignment zum einen allgemeinbezogen für das Unternehmen als Ganzem erfolgen, zum anderen aber auch spezifisch auf die IT-Umgebung angepasst werden.

Die Datenerhebung aus Wirtschaftlichkeits- und SWOT-Analyse bringt erste Erkenntnisse über die aktuelle Ausgangssituation des Unternehmens hervor. Vorhandene Schwachstellen und potentielle Chancen weisen darauf hin, an welcher Stelle Optimierungsmöglichkeiten und gezielte Handlungsbedarfe bestehen.

Mission, Vision, Strategie

Besondere Aufmerksamkeit muss ebenfalls dem Organisationsrahmen des Unternehmens gewidmet werden. *Mission*, *Vision* und *Strategie* sollten von der Geschäftsführung vorgegeben sein. Sie geben die langfristigen Geschäftsziele für die künftigen wirtschaftlichen Handlungen vor, in deren Unterstützung die vorrangige Aufgabe der Leistungserbringung der IT besteht. Sind diese Elemente nicht vorhanden, vollständig oder zeitgemäß, empfiehlt sich ihre zeitnahe (Re-)Konzeption. Die Strategie weist dabei einen Leitfaden aus, um ausgehend von der Mission des Unternehmens die Ziele der Vision zu erreichen. Dabei bietet sich die frühzeitige Einbindung der IT bzw. des CIO in die strategische Planung an, da dadurch die Rahmenbedingungen der IT, ebenso wie die Chancen, Risiken und die Machbarkeit von technologischen Maßnahmen, realistischer eingeschätzt werden können [Richter08, Klein08, Keller08].

IT-Strategie

Analog zum Business sollte die IT ebenfalls *Mission* und *Vision* für sich definieren (vgl. Kap. 2.1.2). Darüber hinaus ist die Sicherstellung einer auf die Unternehmensstrategie abgestimmten *IT-Strategie*, die Grundvoraussetzung für das Business-IT Alignment [Klein08], zu gewährleisten. Diese gibt die mittel- bis langfristige Orientierungsrichtung der IT vor und adressiert eine höchstmögliche Abdeckung der Unternehmensziele. Sie dient „als Rahmenwerk für die Ausrichtung der IT an den Geschäftsbedürfnissen und somit als Leitfaden bei der Konkretisierung von Organisationsstrukturen, Prozessgestaltung sowie der Initiativenauswahl und -priorisierung" [Klein08]. Ist eine solche elementare Strategie für die IT nicht bereits implementiert, sollte ihrer Aufstellung priorisierten Vorrang gewährt werden.

Die Herleitung einer IT-Strategie ist komplex und erfordert die Berücksichtigung zahlreicher geschäfts- und technologierelevanter Aspekte. Zu den essentiellen Einflussfaktoren gehören neben den aus der Geschäftsstrategie resultierenden IT-Anforderungen auch die Bewertung der existierenden IT-Umgebung, Branchentrends und Best-Practices [Klein08]. Entscheidend sind daher ein vollständiges Verständnis sowie eine weitreichende

Berücksichtigung der Organisations-, Strategie- und Zielelemente des Unternehmens. Die besten Erfolge bei der Erarbeitung der Strategie können dabei in Zusammenarbeit mit dem Management und den Fachbereichen erzielt werden [Richter08].

Eine generelle Vorgehensweise für die IT-Strategieformulierung wird in Kap. 2.1.2 dieses Buches vorgestellt.

Einflussfaktoren

Wie die Erkenntnisse der Forschung und Praxis gezeigt haben (vgl. Kap. 2.5), ist für den gesamten Alignment-Prozess die Berücksichtigung von grundlegenden Einflussfaktoren äußerst signifikant. Die effektive Steuerung der Erfolgs- und Hemmnisfaktoren setzt daher eine frühzeitige Adressierung voraus.

Als besonders wichtiges Beispiel hierfür kann der Faktor Management-Commitment angeführt werden – auf dem ersten Platz in sämtlichen Ranglisten für Erfolgsfaktoren (vgl. Tabelle 2.6 und 2.7, Abb. 2.1). Vor dem Projektstart sollte daher die Unterstützung des Managements eingeholt werden, selbst wenn es dafür eines nicht zu vernachlässigenden Aufwands an Aufklärungs- und Überzeugungsarbeit bedarf. Viele Vorhaben stehen und fallen mit dem Support der Geschäftsleitung. Deren Anteilnahme ist besonders bei unternehmensweiten Aktivitäten von zentraler Bedeutung, beispielsweise bei der Überwindung von organisatorischen und kulturellen Barrieren. Das Streben nach höherem Alignment zieht häufig beträchtliche Änderungsmaßnahmen nach sich, die in aller Regel auch das Personal in einem nicht unerheblichen Maß betreffen. Dieses reagiert oftmals skeptisch oder mit Trotz auf den Wandel in ihrer Arbeitsweise, im Ablauf, oder auf Forderungen nach Verhaltensumstellungen. Auch hier ist es die Aufgabe des Top-Managements, zumindest hat dieses einen außerordentlichen Einfluss darauf, überzeugend und autoritär diesen Wandel in der Belegschaft durchzusetzen und auch zeitlich voranzutreiben.

Zu Beginn des Projekts kann es sich bewähren, eine Auflistung sämtlicher relevanter Einflussfaktoren aufzustellen und deren Zutreffen beispielsweise in Form von Checklisten zu evaluieren. Dadurch können diejenigen Aspekte hervorgehoben werden, die in der gegenwärtigen Ausgangssituation nicht angemessen abgedeckt werden und folglich in den weiteren Planungen berücksichtigt werden müssen. Dieses Vorgehen steigert das Erfolgspotential und eliminiert eventuelle Hindernisse gleich zu Beginn des Vorhabens. Ein bewährtes Mittel zur Erfassung der einzelnen Punkte sind Interviews mit der Belegschaft bzw. den Verantwortlichen, wobei die Beantwortung über eine mehrstufige Skala erfolgen kann (z. B. „voll zutreffend" ($\approx$ 1) – „nicht zutreffend" ($\approx$ 4)). Im Anschluss erfolgt die Auswertung und Visualisierung der Ergebnisse. Die Festlegung von Prioritäten kann über eine auf das Unternehmen und das Projektvorhaben angepasste Faktorgewichtung erfolgen. Der Orientierungsrahmen dafür kann den empirischen Forschungsranglisten entnommen werden (z.B. Tabelle 2.6 und 2.7, Abb. 2.1). Abbildung 3.7 zeigt exemplarisch einen Erfassungsprozess der Einflussfaktoren anhand von Checklisten. Für den Erfolg eines Vorhabens ist es von besonderer Wichtigkeit, dass alle Beteiligten, einschließlich des Managements und der

Fach- und IT-Bereiche, die Erfolgsfaktoren kennen, verstehen und akzeptieren. Nicht wenige dieser Herausforderungen sind kultureller und organisatorischer Natur – z.B. abteilungsübergreifende Beziehungen; Kenntnisse und das Verständnis für die Tätigkeiten und Rollen der jeweils anderen etc. – und müssen daher frühzeitig und regelmäßig unter den Projektbeteiligten publiziert und kommuniziert werden.

Zusammensetzung eines Teams

Eine weitere Maßnahme der Planungsphase umfasst die Zusammensetzung eines Teams. Vor dem Hintergrund der Ziele und Intentionen sollten die Beteiligten über das entsprechende Know-how für eine erfolgreiche Durchführung verfügen. Dabei ist es sehr ratsam, von der Einbeziehung externer Berater Gebrauch zu machen. Diese haben eine unvoreingenommene Sichtweise auf verankerte Abläufe und verfügen häufig über ein breites Repertoire an Best-Practice-Ansätzen und innovativen Lösungsvorschlägen.

Wie sich auch aus den Einflussfaktoren von Luftmann und Teo et al. erkennen lässt, ist die Mitwirkung der Verantwortlichen der Geschäfts- und der IT-Seite von entscheidender Bedeutung für den Alignment-Erfolg. Erst sie gewährleistet eine adäquate Bemessung der Geschäfts- und Technologieanforderungen aller involvierten Interessengruppen. Des Weiteren werden dadurch der gegenseitige Austausch und die Partnerschaft zwischen beiden Parteien unter der Moderation eines erfahrenen Projektleiters gefördert.

Checkliste

Erfolgsfaktor	voll zutreffend	eher zutreffend	weniger zutreffend	nicht zutreffend
Alignment ist dem Topmanagement bewusst und wird von ihm gefördert	☐	☐	☐	☐
IT ist in die Strategieentwicklung involviert	☐	☐	☐	☐
IT versteht die Geschäftsanforderungen	☐	☐	☐	☐
Partnerschaft zwischen Fach- und IT-Bereiche vorhanden	☐	☐	☐	☐
Effektive Priorisierung von IT-Projekten ist vorhanden	☐	☐	☐	☐
...	☐	☐	☐	☐

Auswertung

Erfolgsfaktor	Gewicht-ung	Auswert-ung Ø	Gesamt-wertung
Alignment ist dem Topmanagement bewusst und wird von ihm gefördert	4	2	8
IT ist in die Strategieentwicklung involviert	3,5	3,7	13
IT versteht die Geschäftsanforderungen	4	3	12
Partnerschaft zwischen Fach- und IT-Bereiche vorhanden	2,5	1,7	4,3
Effektive Priorisierung von IT-Projekten ist vorhanden	3	2,3	6,9
...	...	...	...

Rangfolge

	Erfolgsfaktor	Auswertung
1	IT ist in die Strategieentwicklung involviert	◔
2	IT versteht die Geschäftsanforderungen	◔
3	Alignment ist dem Topmanagement bewusst und wird von ihm gefördert	◑
4	Effektive Priorisierung von IT-Projekten ist vorhanden	◑
5	Partnerschaft zwischen Fach- und IT-Bereiche vorhanden	◕
...	...	...

Abb. 3.7: Checkliste für Erfolgsfaktoren

3.2.2 Demand- und Portfolio-Management

Das *Demand- und Portfolio-Management* dient der exakten Bestimmung des Scopes und beinhaltet die Abstimmung der strategischen und operativen Ziele der geplanten Aktivitäten. Diese Definitionsphase lässt sich unterteilen in die Schritte:

1. Definition des Investitionsrahmen,
2. IT-Demand-Management,
3. IT-Projektportfolio-Management.

Abb. 3.8: Demand- und Portfolio-Management

Definition des IT-Investitionsrahmens

Die Festlegung des *IT-Investitionsrahmens* ist ein elementarer Bestandteil im Prozess der strategischen Ausrichtung. Ein Investitionsrahmen definiert die Allokation der jährlichen Budgetverteilung für die IT, d.h. er legt den prozentualen Anteil am IT-Gesamtbudget für die einzelnen Investitionsbereiche fest [Klein08] und grenzt somit Handlungsrahmen für potentielle Vorhaben ein. Wie in

Abb. 3.9 dargestellt, lässt sich die Budgetzuordnung nach strategischen und operativen Kriterien unterscheiden.

Strategische Investitionen adressieren vorwiegend langfristige Investitionen, die zukunftsbezogen Nachhaltigkeit für die Wettbewerbsfähigkeit des Unternehmens bereitstellen sollen. Eine mögliche Aufteilung der strategischen Investitionen könnte beispielsweise nach technologischen Innovation und Unternehmenswachstum erfolgen.

Die *operativen Investitionen* beziehen sich dagegen auf kurz- bis mittelfristige Budgetaufwendungen, welche die Aufrechterhaltung bzw. Verbesserung des aktuellen Betriebs in Form von Wartung, Produktivität und Performance verfolgen.

Abb. 3.9: Mögliche IT-Investmentkategorien
Quelle: [Klein08]

Eine angemessene Kategorisierung des IT-Investitionsrahmens muss stets unternehmensindividuell an die Ausgangssituation und die Charakteristika einer Organisation erfolgen [Klein08]. Für die Aufstellung der Budgetzuordnung sind u.a. folgende Faktoren von Bedeutung:

- **Rolle der IT im Unternehmen**

  Die Rolle der IT im Unternehmen ist ein ausschlaggebender Aspekt bei der Zuteilung des Investitionsrahmens. Ist die IT primär als reiner Dienstleister zur Bereitstellung der notwendigen Arbeitsplatzinfrastruktur im Unternehmen angesiedelt, so ist ein vorwiegender operativer Aufwandseinsatz, z.B. für den Bereich Wartung, notwendig [Klein08]. Agiert die IT dagegen als wichtiger Bestandteil des Geschäftsmodells und ist sie maßgeblich bei der Erarbeitung von Wettbewerbsvorteilen beteiligt, so ist eine verstärkte Budgeteinteilung für strategische Investitionen, wie z.B. in neue Technologien und Innovationen, angemessen [Klein08]. Eine Priorisierung des Budgets nach Investitionsbereichen gewährleistet daher eine sachgerechte Zuwendung entsprechend den Erfordernissen der geschäftlichen Abläufe.

- **Entwicklungsphase des Unternehmens**

  Zur zügigen Erlangung von Effektivität in den Prozessabläufen haben Startup-Unternehmen meist einen starken Fokus auf die Optimierung ihrer Prozesse und ihrer Produktivität. Dagegen streben Unternehmen in der Wachstumsphase primär die Steigerung ihrer Umsätze und Gewinne an. Unternehmen der Reifephase wiederum investieren überwiegend in Wartung und Support, um den Rückgang ihrer Gewinnspanne zu vermeiden [Klein08]. Folglich muss die Investitionsverteilung in Anbetracht des operativen Planungsrahmens erfolgen, der aus der gegenwärtigen Reife des Unternehmens abgeleitet wird.

- **Kurz- / Mittelfristige strategische Zielplanung**

  Ein weiterer Einflussfaktor für die jährliche Budgetverteilung ist die kurz- bis mittelfristige strategische Zielplanung und -setzung des Unternehmens. Die Verfolgung einer Kostensenkungsstrategie bedingt beispielsweise vermehrte Investitionsschübe für die Steigerung der Produktivität, der Prozesseffizienz und die Rationalisierungsmaßnahmen. Für Unternehmen mit Differenzierungsabsichten ist dagegen vielmehr der primäre Fokus auf neuartige Innovationen von zentraler Bedeutung: Sie wollen sich in erster Linie von ihrer Konkurrenz absetzen. Unternehmen mit Wachstumszielen wiederum müssen sich um die konzentrierte Erhöhung ihres Umsatzes und ihrer Geschäftsgröße bemühen. Hier gilt es die IT in dem Maße zu fördern, dass z.B. neue Geschäftsfelder ermöglicht oder neue Märkte erschlossen werden.

IT-Demand-Management

Ein wesentlicher Bestandteil eines Alignments ist „die Lücke zwischen den Bedürfnissen und Erwartungen der Geschäftsführung und dem was die IT liefern kann, zu schließen" [Blankenhorn08]. Dazu müssen Anforderungen des Managements und der Fachbereiche an die IT identifiziert werden und im Anschluss Projektvorschläge daraus abgeleitet werden. Dadurch wird erreicht, dass die IT mit anforderungsgerechten Leistungen die Belange des Geschäfts unterstützen kann und die vorhandenen

Ressourcen effektiv zur Maximierung des Business Values einsetzt [Remedy03]. Vorausetzung hierfür ist ein Wandel von der rein statischen Leistungserbringung seitens der IT [Remedy03] hin zu einem Serviceprovider, der flexibel auf die Geschäftsbedürfnisse reagiert und seine Angebote einschließlich der dazugehörigen Ressourcen entsprechend anpassen kann [Blankenhorn08].

Nach den Erfahrungen der Technologieberatung BMC haben sich einige wesentliche Implementierungsschritte bei der Harmonisierung von Anforderungen und Leistungen bewährt (vgl. [Remedy03]):

- **Einführung einer zentralen Vermittlungsstelle**

  Eine Vermittlungsstelle in Form eines entscheidungsbefugten Funktionärs unterstützt die Aufrechterhaltung des Dialogs zwischen Business und IT. Zum Aufgabenbereich eines solchen Business Relationship Manager gehört neben der Überwachung des Geschäftsverhältnisses beider Parteien, die Steuerung und Leitung von Meetings mit den Verantwortlichen zur Abstimmung von veränderten Geschäftsanforderungen.

- **Einführung von Service Level Agreements (SLA)**

  Ein *SLA* ist eine „Vereinbarung zwischen IT-Leistungserbringer und IT-Leistungsabnehmer, welche die Leistungsziele und Verantwortlichkeiten beider Parteien definiert" [StGallen09]. Die Definition von strukturierten SLAs ermöglicht die Festsetzung der zu erbringenden Leistungen und fördert somit die Qualität der Anforderungserfüllung. Diese sollten in Zusammenarbeit von Business und IT erfolgen, was jedoch ein beiderseitiges Verständnis für die Abläufe des jeweils anderen voraussetzt [Luftman07].

- **Einrichten eines Service Level Managements (SLM)**

  Neben der Definition von IT Services und den zugehörigen Service Level fördert ein *SLM* die Unterstützung der Business Ziele [Blankenhorn08]. Das IT-Management kann mit Hilfe eines SLMs die „Service Beschreibungen und Service Levels in dahinterliegende Regeln übersetzen, um damit die IT-Ressourcen zu führen und zu befähigen" [Blankenhorn08]. Gelingt es durch standardisierte Servicelösungen eine Erhöhung der Abnehmerakzeptanz zu erreichen, werden nicht nur komplexe Abläufe [Remedy03], sondern auch monetäre und zeitliche Aufwendungen deutlich reduziert.

- **Entwicklung eines Service Cost Frameworks**

  Die Messung der erbrachten Services und ihre Kostenbeurteilung trägt schließlich zur Beitragsbewertung der verschiedenen Service Level am Business Value bei [Remedy03]. Ein solches *Service Cost Framework* sollte dabei möglichst standardisierte und generische Messmethoden zur Identifikation des Ressourcenaufwands definieren.

Die Abstimmung der Anforderungen mit der Leistungserbringung kann sowohl die „Anpassung, Neuentwicklung oder auch die Stilllegung vorhandener IT-Services" [Blankenhorn08] nach sich ziehen.

IT-Portfolio Management

Die als relevant identifizierten Projekte müssen im weiteren Verlauf bewertet, selektiert und priorisiert werden [Klein08]. Unter strenger Anlehnung an die Unternehmensziele, die Rahmenvorgaben der IT-Strategie und das

Investitionsbudget [Klein08] werden dazu „gemeinsam von Fachbereichen und IT diejenigen zukunftsorientierten und wettbewerbskritischen IT-Komponenten identifiziert, die den größten Wertbeitrag für das Unternehmen versprechen" [Buchta09] (vgl. auch [Blankenhorn08]).

Wichtige Voraussetzung zur finanziellen und qualitativen Beurteilung der Alternativen ist es, „Analyse- und Bewertungsstandards zu etablieren, um die Vergleichbarkeit [...] zu gewährleisten und die Rentabilität [...] für das Unternehmen sicherzustellen" [Klein08]. Zu diesem Zweck bieten sich die Aufstellung von *Business Cases* und des *Information Capital Readniness*-Verfahrens an.

- **Business Cases**

  Die Aufstellung eines Business Cases befähigt dazu, die „Kosten für die erforderliche Investition mit der zu erwartenden Ergebniswirkung" zu vergleichen und dabei ihre „zeitlichen Maßstäbe" [Buchta09] zu bewerten. Im Vordergrund steht dabei, die Quantifizierbarkeit der Wirkung der IT und die Steuerbarkeit ihrer Leistungserbringung zu erwirken [Buchta09].

  Das Vorgehen umfasst im ersten Schritt die Erstellung eines auf die Unternehmenssituation angepassten Kriterienkatalogs. Dieser sollte idealerweise in Zusammenarbeit mit den Fachbereichen erstellt werden und alle Projekte nach denselben finanziellen und qualitativen Kriterien bewerten [Klein08]. Aus finanzieller Sicht eignet sich vor allem die Betrachtung

  - von Kostensenkungspotentialen [Buchta09],
  - von Umsatzpotentialen [Buchta09],
  - der Berechnung des Net Present Values [Klein08] und

- des Projekteinflusses auf die Gewinn- und Verlustrechnung (GuV) [Klein08].

  Aus qualitativer Sicht bieten sich Betrachtungen von (vgl. [Klein08])

- implementierungsbezogenen Faktoren und

  - z. B. Dauer, Trainingsaufwand, Risiko, Komplexität, Verfügbarkeit von Ressourcen, Beeinflussung der Mitarbeiter,

- ergebnisbezogenen Faktoren

  - z. B. Verbesserung von Geschäftsinformationen, Verbesserung von Geschäftsprozessen, Verbesserung von Entwicklungsmöglichkeiten, strategische Relevanz

an. In Abb. 3.10 wird ein exemplarischer Business Case vorgestellt.

- **Information Capital Readiness (ICR)**

  Information Capital Readiness ist eine Vorgehensweise zur Darstellung und Steuerung des Wertbeitrags der IT in Bezug auf die Strategie und die Kernprozesse des Unternehmens. Das Verfahren ermittelt in Form von Interviews mit den Fachbereichen „den aktuellen Zufriedenheitsgrad des Business bzgl. der genutzten Applikationen in Verbindung mit den strategischen Prozessen der Businessbereiche" [Blankenhorn08] und zeigt somit auf, „inwieweit die IT die wichtigsten strategischen Prozesse des Unternehmens unterstützt" [Blankenhorn06]. Auf Basis der strategischen Stoßrichtung des Unternehmens werden Kennzahlen zu den einzelnen IT-Prozessen errechnet, „die die Leistungen der IT und deren Qualität aktuell und für künftige Zeitperioden

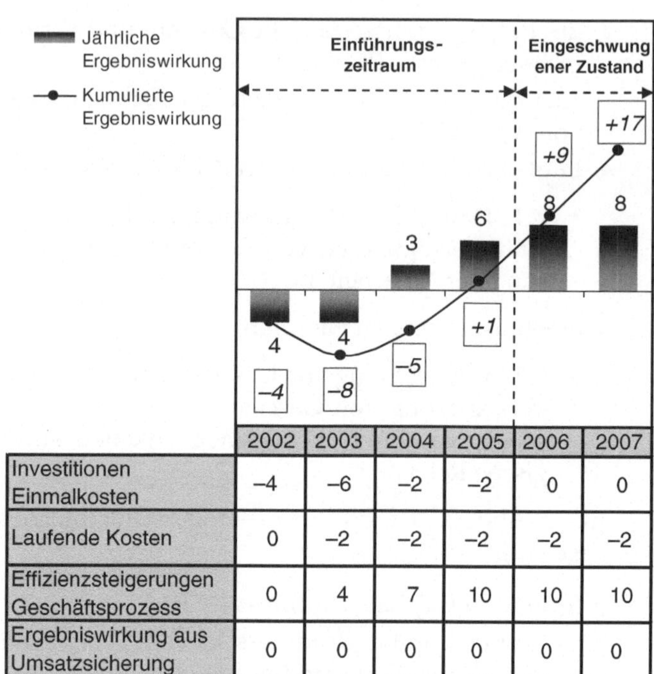

	2002	2003	2004	2005	2006	2007
Investitionen Einmalkosten	-4	-6	-2	-2	0	0
Laufende Kosten	0	-2	-2	-2	-2	-2
Effizienzsteigerungen Geschäftsprozess	0	4	7	10	10	10
Ergebniswirkung aus Umsatzsicherung	0	0	0	0	0	0

Abb. 3.10: Berechnung eines Business Case
Quelle: [Buchta09]

darstellen und damit eine strategische Bewertung der IT-Anwendungs- und -Systemlandschaft erlauben" [Blankenhorn09].

Die Vorgehensweise des ICR sieht vor, zuerst die elementaren strategischen Stoßrichtungen des Unternehmens zu identifizieren. Dieser im Idealfall auf drei bis fünf Elemente beschränkten Aufstellung werden dann die unterstützenden strategischen Geschäftsprozesse zugeordnet. Für die Prozess- und Anwendungszuordnung hat sich die übergeordnete Gliederung nach transformatorischen, analytischen, transaktionsbezogenen, technologischen und steuerungsorganisatorischen Kategorien bewährt. Im Anschluss müssen die einzelnen Betrachtungskomponenten individuell und entsprechend ihrer Signifikanz für die Unternehmensstrategie gewichtet werden (vgl. [Blankenhorn06, Blankenhorn08, Blankenhorn09]).

Die Bewertung des ICR erfolgt in der Regel anhand einer Schulnotenskala durch die Führungskräfte des Business und der IT. Ihre Auswertung schafft Transparenz in Bezug auf „den Grad der Unterstützung der IT für die unternehmerischen Ziele", „die Zukunftsfähigkeit einzelner Applikationen" und den „Handlungsbedarf für die IT-Unterstützung des Kerngeschäfts" [Blankenhorn09]. Als Vorgehensweise zur einfachen Strukturierung und Bewertung von Anforderungen an das IT-Portfolio [Blankenhorn06] gibt sie Aufschluss über den Grad der Abdeckung der IT in Bezug auf die verschiedenen strategischen Kernfelder und kann somit aufzeigen, in welchen Bereichen verstärkter Handlungsbedarf vonnöten ist. In Tabelle 3.1 wird beispielhaft die Grundstruktur einer ICR aufgezeigt.

Zur Vervollständigung der Priorisierungsfolge werden darüber hinaus zeitrelevante Aspekte der erfassten und bewerteten Projekte mit in die Aufstellung einbezogen. Hierzu eignet sich die Abbildung des Ergebnisbeitrags

Tabelle 3.1: Information Capital Readiness
In Anlehnung an: [Blankenhorn08]

Tabelle 1		(erwartete) Bewertung				Strategische Stoßrichtungen		
Bezeichnung der Bewertungsgruppe	**Ge-wicht**	**05 / 2009**	**12 / 2009**	**2010**	**2012**	**Operations Manage-ment**	**Customer Manage-ment**	**Innova-tion**
Transformationale Anwendungen								
Portal (Transact. & Inform.)	2	3	1	2	6	☐	☒	☐
Gruppensumme:						☐	☐	☒
Analytische Anwendungen								
Reporting/Analyse/DWH	4	5	6	1	2	☐	☐	☐
Einkaufsunterstützung	2	..	..	..	..	☐	☐	☐
Gruppensumme:						☐	☐	☐
Transaktionsbezogene Anwendung								
SAP Basis für alle Fachbereiche (MM, …)	6	..	..	..	..	☐	☐	☐
SAP für Business Unit xxx	4	..	..	..	..	☐	☐	☐
SAP für Human Resources	4	..	..	..	..	☒	☐	☐
Gruppensumme:								
Physische Infrastruktur								
Rechenzentren (SAP Betrieb) Sprach- & Datennetze Arbeitsplatzinfrastruktur	6	..	..	..	..	☒	☐	☐
Bürokommunikation, Dokument.Mgmt, Workflow	4	..	..	..	..	☒	☐	☐
Gruppensumme:								
Management Infrastruktur								
IT Management	6	..	..	..	..	☐	☐	☐
Architektur und Standards	4	..	..	..	..	☐	☐	☐
IT-Ausbildung	4	..	..	..	..	☐	☐	☐
IT F&E (neue Technologien)	1	..	..	..	..	☐	☐	☐
Gruppensumme:								
Overall Results ICR		**2,9**	**3,3**	**2,2**	**2,4**	**2,4**	**3,1**	**4,1**

und der zeitkritischen Notwendigkeit der Vorhaben in einem IT-Portfolio (vgl. Abb 3.11).

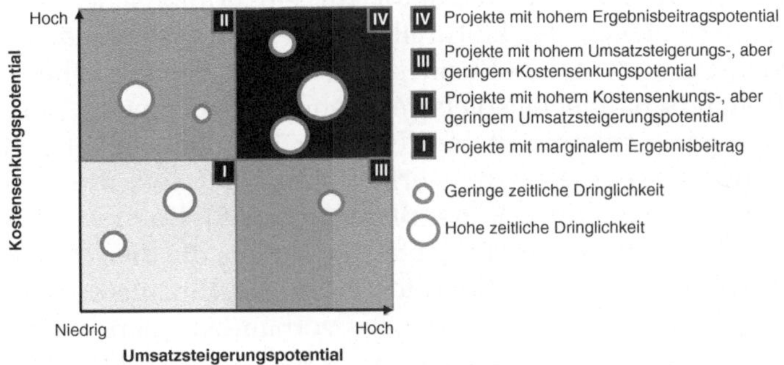

Abb. 3.11: IT-Portfolio

Wie in Abb. 3.11 dargestellt, stellt eine Positionierung der Projekte auf der horizontalen Achse den umsatzsteigerungsrelevanten Bezug her. Die Einordnung entlang der vertikalen Achse referenziert dagegen den kostenoptimierenden Bezug. Mittels Kreisumfang kann weiterhin die zeitkritische Relevanz visualisiert werden.

Ein solches IT-Portfolio kann diejenigen Projekte identifizieren, die den wertsteigernsten Erfolg versprechen und daher unbedingt weiter verfolgt werden sollten. In Abb. 3.11 sind diese im Quadranten IV abgebildet. Dagegen repräsentieren die Projekte des Quadranten I vorwiegend Vorhaben mit eher vernachlässigbarem Nutzenpotential, da sie lediglich geringe Erfolge sowohl in Bezug auf eine Kostensenkung als auch eine Umsatzsteigerung mutmaßen lassen. Diese Projekte sollten dementsprechend mit geringerer Priorität angegangen bzw. gänzlich verworfen werden. Die Quadranten II und III umfassen letztlich die Projekte, die entweder Potential hinsichtlich

Kostensenkung oder Umsatzsteigerung vorweisen. Ihre Anstoßung sollte gut abgewägt und überwacht werden

Einen entscheidenden Faktor für ein erfolgreiches Alignment stellen die kulturellen und interpersonellen Beziehungen zwischen Business und IT dar. Selbst die beste IT-Landschaft ist beispielsweise ohne die Akzeptanz ihrer Anwender relativ nutzfrei [Buchta09]. Um einem solchen Hindernis entgegen zu wirken, empfiehlt sich die Einplanung von Quick-Wins [Blankenhorn08]. Dazu werden vorrangig diejenigen Projekte angestoßen, die die schnellsten Ergebnisse und Renditen erbringen [Buchta09]. Auf dieser Basis kann es gelingen, vorhandene personalbedingte und ablauforganisatorische Barrieren zu entkräften und die Erfolgswahrscheinlichkeiten komplexerer Vorhaben zu steigern.

Nutzwertanalyse

Ergänzend zu einer Portfoliobetrachtung kann die *Nutzwertanalyse* zur Gegenüberstellung und Bewertung potentieller Projekte verwendet werden. Eine Besonderheit der Nutzwertanalyse ist die gleichzeitige Heranziehung von harten „Bewertungskriterien wie Kosten oder [...] Rentabilität" und den so genannten weichen, „qualitativen Einflussgrößen" [Fiedler05], wie z.B. strategische Bedeutung und Dringlichkeit von Projekten.

Die Nutzwertanalyse basiert auf der Überlegung, mit Hilfe von Punktwerten Transparenz über Nutzen und Erfüllungsgrad der Projekte hinsichtlich der Unternehmensziele zu schaffen. Die Aufstellung der Nutzwertanalyse besteht aus fünf Schritten (vgl. [Fiedler05]):

1. Ziele bestimmen und Ziele gewichten

2. Punkte für die Projekte vergeben

3. Gewichte mit den zugehörigen Punkten multiplizieren

4. Gewichtete Punktgesamtsumme ermitteln

5. Sensitivität des Ergebnisses analysieren.

Die Zielbestimmung umfasst in der Regel die Beziehungsanalyse, Quantifizierung und Gewichtung vorhandener „Leistungs-, Kosten- und Terminziele" [Fiedler05] unter Berücksichtigung potenzieller Zielkonflikte.

- **Präferenzmatrix**

  Ein geeignetes Instrument zur Unterstützung des Gewichtungsprozesses ist die *Präferenzmatrix*, die auf Basis von sukzessiv paarweisen Vergleichen die Ränge und Gewichtungen der Ziele ermittelt (vgl. Abb. 3.12).

  Der *Rang* jedes Zieles ergibt sich aus der Häufigkeit seiner Benennung in Abhängigkeit zur Gesamtmatrix. Die *Gewichtung* errechnet sich „aus der Summe der Gewichte (=100) dividiert durch die Summe der Ränge (=28) multipliziert mit dem umgedrehten Rang" [Fiedler05].

  Beispiel: Das Ziel „Kundenzufriedenheit hoch" (=a) wurde in Abb. 3.12 viermal als wichtiger im Vergleich zu anderen Zielen benannt und belegt damit den dritten von sieben Rängen in der Matrix. Sein umgekehrter Rang beträgt daher fünf. Die Ermittlung des Gewichts ergibt sich somit aus folgender Berechnung:

$$\text{Gewicht von a} = \frac{\text{Summe der Gewichte}}{\text{Summe der Ränge}} \times \text{umgedrehter Rang von a} = \frac{100}{28} \times 5 = 17{,}8$$

Gewicht (Summe = 100)	Rang	Häufigkeit	Ziel	
17,8	3	4	a	Kundenzufriedenheit hoch
3,6	7	0	b	Wettbewerbsvorteile hoch
21,4	2	5	c	Dringlichkeit hoch
7,2	6	1	d	Entwicklungskosten niedrig
10,7	5	2	e	Folgekosten niedrig
14,3	4	3	f	Risiko gering
25	1	6	g	Wirtschaftlichkeit hoch

Präferenzmatrix (Paarvergleiche):

	b	c	d	e	f	g
a	a	c	a	a	a	a
b		c	d	e	f	g
c			c	c	c	g
d				e	f	g
e					f	g
f						g

Abb. 3.12: Zielgewichtung mit der Präferenzmatrix
Quelle: [Fiedler05]

In der Nutzwertanalyse werden anschließend die Projekte hinsichtlich ihres Erfüllungsgrads der Ziele bewertet. Wie in Tabelle 3.2 dargestellt, werden für jedes Projekt die erreichten Zielpunkte mit der vorher festgelegten Gewichtung multipliziert. Im Ergebnis

Tabelle 3.2: Nutzwertanalyse

		Alternativen							
		Projekt A		Projekt B		Projekt C		Projekt D	
Muss Projekt		☒		☐		☐		☐	
Ziele	Gewicht	Punkte	GxP	Punkte	GxP	Punkte	GxP	Punkte	GxP
Kundenzufriedenheit	18	—	—	10	180	3	54	1	18
Wettbewerbsvorteile	4	—	—	7	28	10	40	3	12
Dringlichkeit	21	—	—	3	63	4	84	6	126
Entwicklungskosten	7	—	—	5	35	2	14	2	14
Folgekosten	11	—	—	7	77	5	55	5	55
Risiko	14	—	—	9	126	4	56	4	56
Wirtschaftlichkeit	25	—	—	6	150	5	125	4	100
Summe	**100**		—		**659**		**428**		**381**

Punkte: 1 (geringe Erfüllung)—10(sehr gute Erfüllung)

Quelle: [Fiedler05]

gilt die Höhe der Summe der einzelnen Teilberechnungen als Indikator für die Gesamtattraktivität der Projekte. Im vorliegenden Beispiel braucht „Projekt A" keiner detaillierten Bewertung unterzogen werden, da es ein Muss-Projekt ist und demnach ohnehin realisiert wird. Für die weiteren Projektplanungen erreicht „Projekt B" die höchste Punktesumme und sollte von daher prioritär aufgegriffen werden.

3.2.3 Modellierung

Aufgabe der *Modellierungsphase* ist es, die bestehende Unternehmenslandschaft und ihre Geschäftsabläufe hin auf ihre Effizienz und Effektivität zu untersuchen und den strategischen Kern der IT im Sinne seiner strategischen Kernkompetenzen zu ermitteln und zu managen. Dadurch soll erreicht werden, dass unter Beibehaltung des vorgegebenen Kurses der Unternehmens- und IT-Strategien

- Transparenz über die Kerngeschäftsprozesse geschaffen wird,

- Schwachstellen in den betrieblichen Abläufen offenbart werden,

- die Beziehung zu den Leistungsabnehmern der IT gesteigert werden,

- die Modellierung der künftigen IT-Infrastruktur (Prozess- und Architektur-Landschaft) erfolgt,

- neue Technologien in die bestehende Landschaft integriert

- und die SLAs mit Hilfe von effektivem Ressourcenmanagement erfüllt werden.

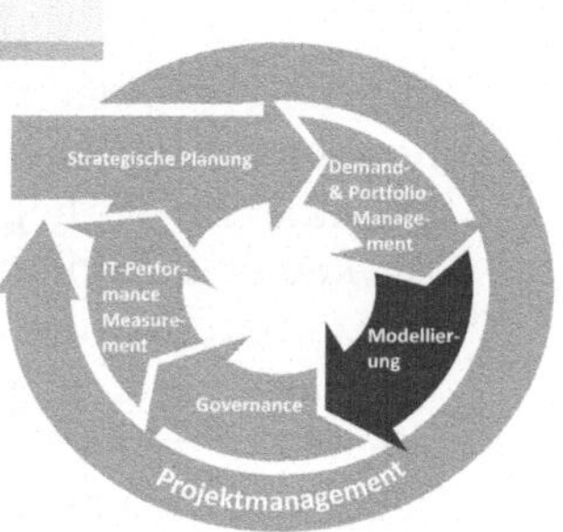

Abb. 3.13: Modellierungsphase

7K-Modell

Angewendet auf das strategische Alignment stellt das *7K-Modell* – ein Customer Value Modell der Universität St. Gallen zur Darstellung der vielfältigen Facetten der

Kundenorientierung aus Kunden- und Managementsicht [StGallen09a] – ein Instrument zur „Umfeldanalyse und zur Definition des strategischen Kerns der IT" [Blankenhorn08] dar. Damit setzt es unter Berücksichtigung der Geschäfts- und IT-Strategie einen Zusammenhang zwischen Kundennutzen und Ertragsperspektiven der wesentlichen Bestandteile eines Geschäftmodells dar [Greiner09].

Abb. 3.14: 7K-Modell zur Ableitung der strategischen Ausrichtung der IT
In Anlehnung an: Quellen: [Blankenhorn08]

Abbildung 3.14 zeigt das 7K-Modell von Horváth & Partners. Das Modell untergliedert sechs übergeordnete

Kernkomponenten eines Unternehmensgeschäftsmodells im Hinblick auf die Ergebniswirkung von Finanz-, Kunden-, Prozess- und potentialbezogenen Zielen (vgl. [Blankenhorn08, Greiner09]):

- **Kundenwahrnehmung**
  - Positionierung
  - Image, Marke
  - Differenzierungsmerkmale
- **Kundenschnittstelle**
  - Bindungsform
  - Vertriebskanäle
  - Umsatzquellen
  - Preispolitik
- **Wertkette**
  - Organisationsstruktur
  - Kernprozesse / Leistungstiefe
  - Leistungsstandorte
  - Leistungsverfahren
  - Logistik
  - IT-Infrastruktur
- **Kooperationspartner**
  - Kooperationen, Allianzen, Beteiligungen
  - Zulieferstruktur
- **Konzepte für die Zukunft**
  - Innovationsschwerpunkte / -portfolio
  - Zukunftstechnologien
- **Humankapital**
  - Personalstruktur
  - Unternehmenskultur / Führungsstil

Die einzelnen Komponenten stehen dabei untereinander in Beziehung und werden am *strategischen Kern* ausgerichtet, der die Leistungsangebote, Zielkunden/ -märkte, Kernkompetenzen und die Finanzierung der IT umfasst. Vorherrschende Fragestellungen richten sich dabei u.a. an die Wahrnehmung der Kunden gegenüber den erbrachten Leistungen, die Intensität der Zusammenarbeit, die Berücksichtigung neuer Trends und die Ausrichtung des Produktportfolios [Blankenhorn08]. Im Rahmen des 7K-Vorgehens deckt eine vorangehende Ist-Analyse der Schlüsselfaktoren vorhandene Schwachstellen auf. Sie bildet die Grundlage für die anschließende Soll-Konzeption, in der Optimierungen an der Aufbau- und Ablauforganisation modelliert werden.

Ist-Analyse

Die Erfassung des Ist-Zustands der Prozesse und des Applikationsportfolios gibt Aufschluss über vorhandene Stärken und Schwächen, auf die eine nachfolgende Soll-Konzeption optimierend aufbauen kann.

Als Werkzeuge zur Ist-Erhebung haben sich klassische Verfahren wie Interviews, Fragebögen und Zustandsmodellierungen in Zusammenarbeit mit den Anwendern bewährt [Gronau08]. Obwohl die ersten beiden Varianten subjektive Betrachtungstendenzen enthalten können, können sie weit reichenden Aufschluss über Akzeptanz und Neigungsverhalten der Anwender wiedergeben. Ergänzt um die Modellierung der Prozess- und Systemlandschaft, werden so vorhandenen Defizite offenbart und Anwenderwünsche berücksichtigt.

Für die *Geschäftsprozessmodellierung* kann man sich den Darstellungsformen der Ereignisgesteuerten Prozesskette (EPK) oder der Wertschöpfungskette (WKD) bedienen (vgl. Abb. 3.15). Diese Verfahren ermöglichen es, einen Prozessablauf mit seinen zugrunde liegenden Schritten visuell darzustellen. Die Erhebung der Prozessmodellierung sollte immer im Hinblick auf zeit-, kosten- und qualitätsbezogene Ausprägungen der Prozesse erfolgen. Aufgrund der Vielzahl von geschäftsrelevanten Abläufen empfiehlt sich die primäre Konzentration auf geschäftskritische und kosten- bzw. aufwandsintensive Geschäftsprozesse.

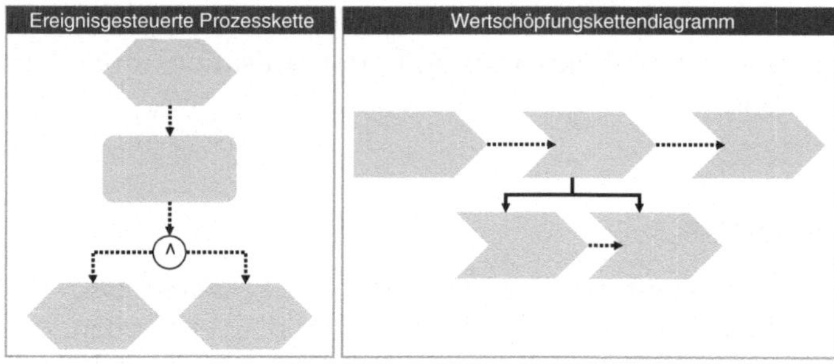

Abb. 3.15: Werkzeuge der Geschäftsprozessmodellierung

Die *Modellierung der Systemlandschaft* erfolgt mit der Aufstellung einer Applikationsarchitektur (vgl. Abb. 3.16). Betrachtungsgegenstand dieser Darstellung ist die Identifikation der im Unternehmen verankerten Applikationsdomänen und ihre Einflussbeziehungen aufeinander. Aufgrund der Vielzahl an unternehmensrelevanten Anwendungen kann der Komplexität durch abstrakte Gruppierungen des Portfolios entgegengewirkt werden.

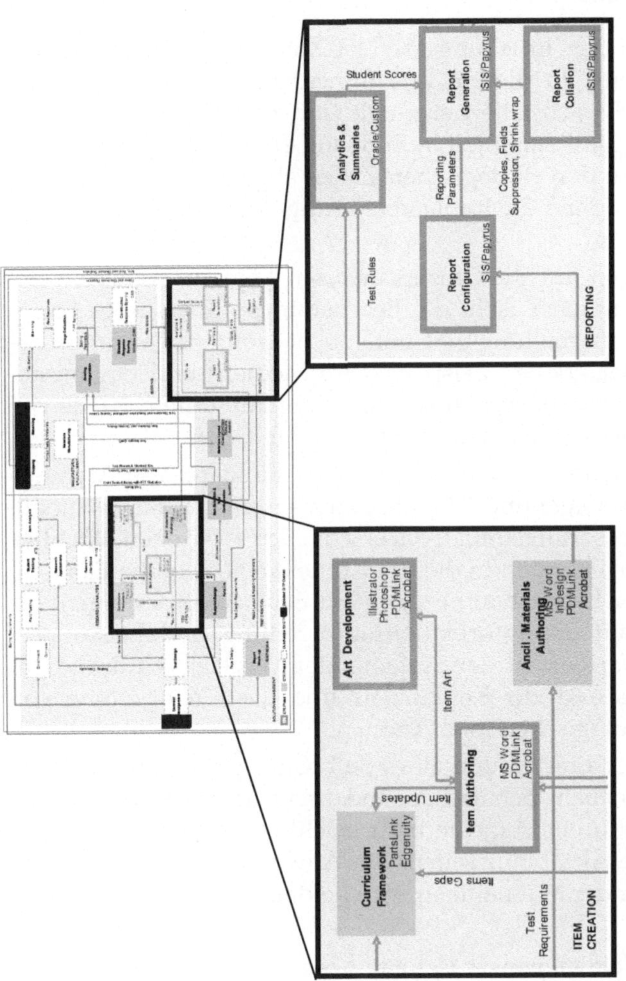

Abb. 3.16: Exemplarische Modellierung einer Applikationsarchitektur
Quelle: [CSC08]

Soll-Konzeption

Nach der Erhebung des Ist-Zustands erfolgt ihre Bewertung. In diesem Zusammenhang werden existierende Schwachstellen ermittelt und entsprechende Verbesserungsmaßnahmen in Einklang zu höherer Performance und zu den strategischen Zielen abgeleitet. Im Anschluss erfolgt dann die Implementierung der Optimierungsmaßnahmen.

Bezogen auf die Prozessanalysen können beispielsweise aus zeitlicher Sicht die Bearbeitungs-, Transport-, Liege- und Einarbeitungszeit untersucht werden. Qualitativ betrachtet können beispielsweise Medien- und Organisationsbrüche überprüft werden, die häufig die Ursache von Inkonsistenzen in den Abläufen darstellen.

Die Architekturanalyse sollte den Einklang von Architektur, Strategie und Abläufen auswerten, um daraus mögliche Besserungsinitiativen erschließen zu können. Wichtige Fragestellungen in diesem Kontext sind u.a. die Flexibilität der Landschaft bezogen auf neue Anforderungen, die Qualität der Informationsaufbereitung und Leistungen, die Wartbarkeit der Systeme, der Vergleich zu Branchentrends und zur Konkurrenz und die Einbeziehung von technologischen Innovationen.

Bei der Erarbeitung eines Soll-Konzepts ist zu beachten, dass neben technischen und organisatorischen auch soziokulturelle Aspekte berücksichtigt werden [Gronau08], da die Akzeptanz seitens der Anwender oftmals über den Erfolg der Maßnahmen entscheidet.

Strategic Alignment Maturity Assessment

Die Nutzung des *SAMM* kann in der Modellierungsphase des Alignments hilfreich bei der Aufstellung eines zukunftsweisenden Roadmaps sein. Das SAMM enthält zahlreiche Best-Practice-Ansätze aus jahrelangen Forschungs- und Consultingerkenntnissen, deren Betrachtung einen Mehrwert für die eigenen Planungen mit sich führen. Das Assessment des Reifegrades besteht dabei im Wesentlichen aus drei Schritten,

1. der Bewertung der sechs Reifegradkriterien,
2. der Ermittlung des Gesamtreifegrads des Betriebs und
3. der Ableitung potentieller Soll-Maßnahmen für die Optimierung des Alignments.

Die Bewertung der Reifegradkriterien Communications, Value, Governance, Partnership, Architecture und Skills kann aufbauend auf den Resultaten der vorausgegangenen Unternehmens- und IT-Analyse erfolgen. Dazu wird zur Ermittlung der Kriterienreife jede Domäne separat mit ihren Ausprägungen einem Benchmark mit dem Reifegradkriterienkatalog (vgl. Anhang, Kap. 7) unterzogen.

Ausgehend von den individuellen Kriterienreifegraden erfolgt die Ermittlung des übergreifenden Gesamtreifegrads. Dieser bildet die Ausgangsbasis für die weiteren Betrachtungen, die sich an die nächst höherer Stufe richten. Abbildung 3.17 zeigt exemplarisch das prinzipielle Vorgehen bei einem Strategic Alignment Maturity Assessment. Wird beispielsweise für den aktuellen Alignment-Zustand des Unternehmens ein Reifegrad entsprechend der dritten Stufe identifiziert, so bieten sich die Komponenten der vierten Stufe als mögliche Anreizpunkte für zukünftige Maßnahmen an. Dabei muss jede Bestrebung weiterhin gründlich geprüft und unternehmensindividuell und situationsbedingt abgewägt werden. Die Verfolgung dieses Prinzips kann für ein potentielles Maßnahmen-Roadmap sinnvolle Ansätze hervorbringen.

Abb. 3.17: Vorgehensweise für ein Reifegrad Assessment

Werttreiberbaum

Die Betrachtung der IT-Effektivität ist eine signifikante Maßnahme im Projektzyklus des Alignments. Sie schafft Transparenz über die tatsächlichen Kosten der IT und setzt diese in Relation zu den erbrachten Leistungen. Ein *Werttreiberbaum* ist dabei ein geeignetes Mittel, um die „die Kosten der IT-Werttreiber mit den Geschäftswerttreibern in Beziehung" zu setzten und „auf ihr Optimierungspotenzial hin" [Richter08] zu untersuchen. Er fungiert daher gleichermaßen „als Entscheidungshilfe für das Management und als Kommunikationsinstrument für die Werthaltigkeit von Investitionen an der Schnittstelle zwischen Business und IT" [Richter08]. Mit ihm wird die Grundlage geschaffen, um die Existenz von IT-Anwendungen, insbesondere gegenüber der Geschäftsseite, zu rechtfertigen.

Um die Effizienz der IT-Leistungen zu erheben und letztlich ihre Nachfrage besser zu steuern, müssen zum einen „operative Messgrößen und Maßnahmen für die IT aus finanziellen Zielen des Unternehmens" abgeleitet und die „Auswirkungen von strategischen IT-Entscheidungen auf die Spitzenkennzahl" [Richter08] nachvollzogen werden. Ziel dieser Maßnahme ist die Schaffung einer angemessenen Ressourcenallokation für diejenigen IT-Services, die den höchsten Wertbeitrag für die betrieblichen Geschäfte leisten [Richter08]. Ausgehend von der Spitzenkennzahl (vgl. Abb. 3.18, Kennzahl „Wertbeitrag") wird bei der Aufstellung eines Werttreiberbaums diese Kenngröße schrittweise in die ihr zugrunde liegenden Geschäftswerttreiber zerlegt. Jedem ermittelten Werthebel kann anschließend der zugehörige Applikationsbestand, der Effekt auf den entsprechenden Werthebel sowie die Renditeauswirkung zugrunde gelegt werden. Dadurch kann eine

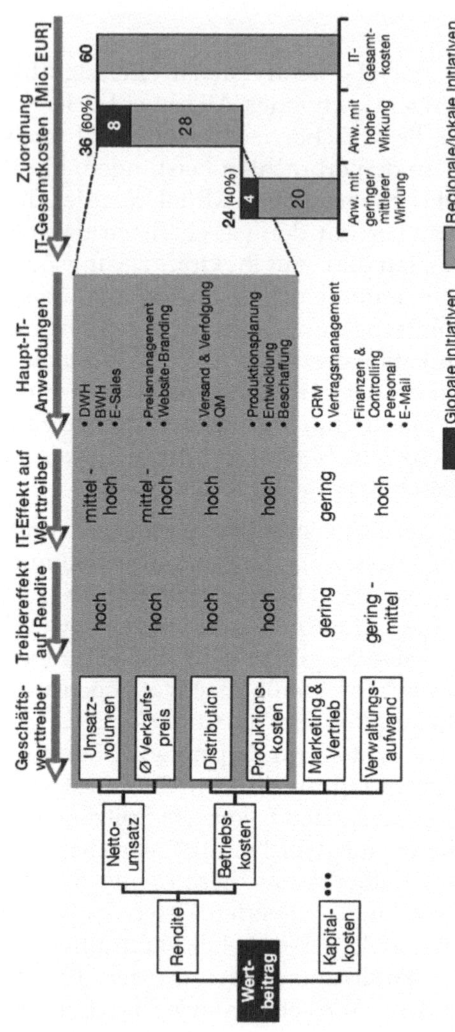

Abb.3.18: Werttreiberbaum
Quelle: [Richter08]

strukturierte Übersicht über die vorhandenen Werttreiber und -vernichter geschaffen werden. Ergänzend kann eine Zuordnung der IT-Kosten auf das IT-Portfolio erfolgen, idealerweise unterteilt in global und lokal wirkende Leistungen, welche eine Kostenaufspaltung der IT nach ihrem Wertbeitrag ermöglicht.

Die Nutzung des Wertreiberbaums kann dabei nicht nur bezogen auf die gegenwärtige Ist-Situation verwendet werden, sie kann auch zur aktiven Beziehungsmodellierung in die Soll-Planung einbezogen werden.

3.2.4 Governance

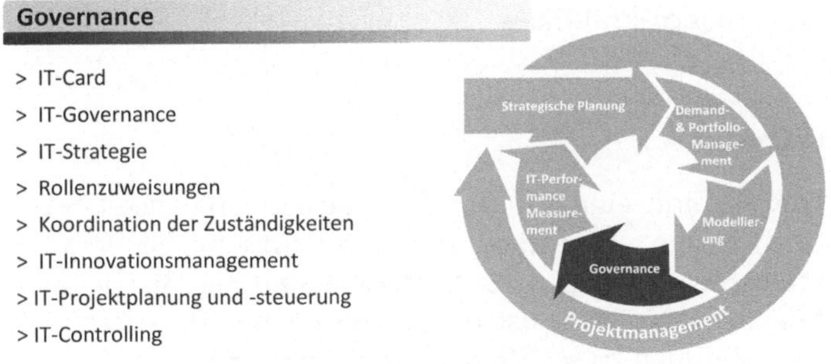

Abb.3.19: Governancephase

Der Fokus der *Governancephase* ist die zielgerichtete Steuerung der IT in Einklang mit der Unternehmensstrategie. In erster Linie wird darauf abgezielt, „die Formulierung von IT-Strategie und -Plänen zu steuern sowie die Entwicklung und Implementierung von Initiativen zu lenken und zu kontrollieren" [Klein08]. Um den verschiedenen Anforderungen in diesem Rahmen gerecht zu werden, müssen daher Steuerungsmaßnahmen bezüglich (vgl. [Gschwendtner08])

1. des Beitrags der IT „zur Wertschöpfung für das Unternehmen",

2. des Beitrags der IT zu „Business-Innovation und der Steigerung der Business-Performance",

3. des Beitrags zum effizienten Einsatz von Unternehmensressourcen,

4. und des Beitrags zu unternehmensübergreifenden Performanceoptimierungen

gewährleisten werden. Unterstützt werden kann dieser Prozess mit Instrumenten wie der IT-Card oder bewährten Governance-Praktiken.

IT-Card

Die *IT-Card*, eine für die IT adaptierte Balanced Scorecard, ist ein „Werkzeug zur Unterstützung des strategischen Steuerungsprozesses" [Gschwendtner08]. Die Intention ihrer Nutzung ist es, „einen nachhaltigen einheitlichen Rahmen zu schaffen, der die zielgerichtete Steuerung der IT ermöglicht und eine inhaltliche Weiterentwicklung der IT in Qualität, Kosten und Zeiten anstrebt" [Blankenhorn08]. Das wesentliche Merkmal der IT-Card ist die Erweiterung der BSC um IT-spezifische Dimensionen und die grundlegenden Stufen der IT-Wertschöpfung [Gschwendtner08].

Die Wirkungsbereiche der IT-Wertschöpfung werden dabei nach „strategischen und Projektaspekten auf der einen

Seite („change-the-business") und nach dem Regelbetrieb (für Applikationen und Infrastruktur) auf der anderen Seite („run-the-busi-ness")" [Gschwendtner08] differenziert. Somit ergibt sich analog eine Betrachtung der Zieldimensionen einerseits nach Belangen der Unternehmensstrategie und der Projekte, und andererseits nach Belangen des Applikations- und Infrastrukturbetriebs.

Gegenstand der Zieldimensionen der IT-Card sind die grundlegenden Kernelemente der strategischen IT-Betrachtung. Gschwendter et al. nehmen eine Dimensionsgliederung nach folgenden Perspektiven vor (vgl. [Gschwendtner08]):

- **Finanzen**

  Zielstellungen in Bezug auf die wirtschaftliche Entwicklung der IT; das betrifft die Wertschöpfung der IT für das Unternehmen ebenso wie die Effizienz innerhalb der IT

- **Kunde der IT / Zuverlässigkeit**

  Ziele, die dazu dienen, die Erwartungen der Kunden an die IT zu erfüllen; der Scope dieser Erwartungen schließt Qualität, Termintreue, Kosten und Zuverlässigkeit ein

- **Risikomanagement / Sicherheit**

  Zielstellungen, die auf die Gewährleistung der Sicherheit und auf das Management von Risiken in der IT gerichtet sind

- **Prozesse / Standardisierung**

  Ziele bei der Gestaltung von IT- Prozessen, dem Qualitätsmanagement und der Standardisierung

	Unternehmens-strategie	Projekte	Applikations-betrieb	Infrastruktur-betrieb
Finanzen	Wertschöpfung der IT ist messbar und wird regelmäßig berichtet		Produktivität der Betriebsleistungen liegt über dem IT Benchmark	
Kunden der IT/ IT-Services	Projekte sind Business-fokussiert priorisiert		...	
	Kunde setzt Qualitätskriterien für die IT		Die mit dem Kunden vereinbarten SLAs werden durchgängig eingehalten	
Risiko-management / Sicherheit		...	...	
Prozesse / Standardisier-ung	...			
		...		
Ressourcen / Potenziale	...			

Abb. 3.20: IT-Card
In Anlehnung an: Quellen: [Gschwendtner08]

- **Potenziale**

  Zielstellungen zur Entwicklung der Produktivpotenziale der IT, worunter vor allem die Mitarbeiter und Lieferanten verstanden werden

Wie in Abb. 3.20 dargestellt, ermöglicht die Gegenüberstellung von Zieldimensionen und Wirkungsbereichen eine übersichtliche Zuordnung verschiedener Ziele. Die Darstellung der Einflussbeziehungen zwischen den einzelnen Elementen erfolgt gemäß dem Prinzip der *Strategy Maps* (vgl. [Kaplan04]). Für die effektive Steuerung der Ziele implementiert die IT-Card darüber hinaus quantitative Key Performance Indicators (KPI). Diese ermöglichen es, das Zielsystem mit seinen zugrunde liegenden Bestandteilen zu bewerten und aus den Erkenntnissen konkrete Maßnahmen abzuleiten.

KPIs für die IT-Card

Im Kontext der IT-Card sind KPIs spezielle Messwerte, die die strategischen Ziele in Form von Kennzahlen bewerten und somit ihre Zielerreichung überwachen. Die Ergebnisgrößen können Aufschluss darüber geben, auf welche Ziele generell und in welcher Form auf sie steuernd zugegriffen werden muss.

Die Auswahl der Messgrößen erfordert eine umfassende Abwägung ihrer Aussagekraft hinsichtlich der Ziele und des erforderlichen Implementierungsaufwands. Eine KPI muss demnach zwei grundlegenden Anforderungen genügen:

1. das Erreichen des gewünschten Ziels muss anhand des Wertes abgelesen werden können und

2. der Kosten-Nutzen-Aufwand für die Implementierung der Kennzahl muss wirtschaftlich tragbar sein [Wöhler03].

Die Projekterfahrungen bei Horváth & Partners haben gezeigt, dass zur Komplexitätsreduzierung zwei KPIs pro Ziel genügen. Aus Gründen der Messbarkeit hat es sich zudem bewährt, Ziele so konkret wie möglich zu definieren. Ist einem Ziel erst gar keine KPI zuordenbar, so sollte dieses Element aufgrund des Unvermögens der Verfolg- und Steuerbarkeit gänzlich aus der Betrachtung der IT-Card ausgeschlossen werden (vgl. [Wöhler03]).

Die KPIs können mittels Zielreports (Ziel-/Ist-Vergleiche) aufgestellt werden, die den aktuellen Abdeckungsgrad der Zielentwicklung widerspiegeln. Diese können wiederum auf Dimensions- und auf die IT-Card-Gesamtebene zusammengefasst werden und dadurch die Bewertung der IT-Card ermöglichen (vgl. Abb. 3.21).

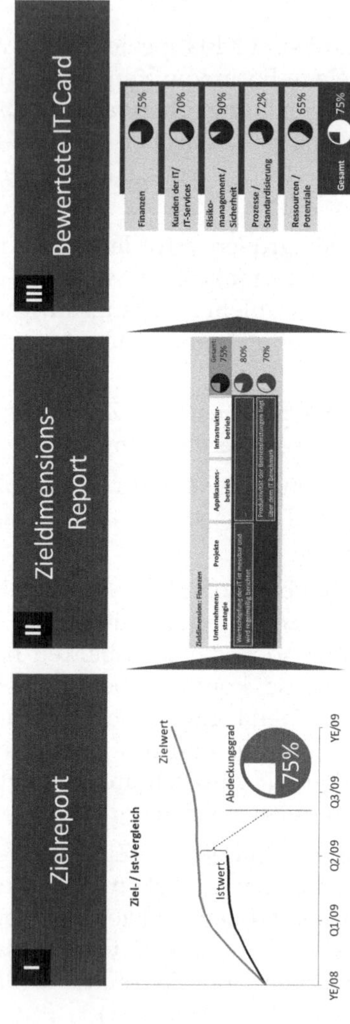

Abb. 3.21: Mehrstufiges Reporting-Schema der IT-Card In Anlehnung an: Quellen: [Gschwendtner08]

Bei der Nutzung der IT-Card hat es sich bewährt, die Ziele und die Zielwerte mindestens jährlich zu überprüfen, ggf. korrigierend auszurichten und neue Ziele einzuführen [Gschwendtner08]. Die Auswertung der Zielreports kann dagegen bereits quartalsweise stattfinden [Gschwendtner08]. Damit gewährleistet der Maßnahmenrahmen der IT-Card sowohl die frühzeitige Steuerung von Abweichungen als auch die kontinuierliche Anpassung der Ziele an veränderte Geschäftsanforderungen.

IT-Governance

Die Implementierung einer *IT-Governance* ist eine zentrale Maßnahme zur Überwachung und Steuerung der IT und seiner Operationen unter dem Gesichtspunkt der Risikoreduktion und Gewinn- und Nutzensteigerung [Klein08]. Im Prinzip stellt die IT-Governance ein einheitliches Rahmenwerk bereit, das „die Organisation, Steuerung und Kontrolle der IT eines Unternehmens zur konsequenten Ausrichtung der IT-Prozesse" [Fröhlich07] an die Unternehmensstrategie verfolgt. Dabei orientiert sie sich am Geschäftszweck des Unternehmens und definiert darüber hinaus weit reichende Leitlinien und Standards [Fröhlich07].

Für die Erschließung eines unternehmerischen Nutzenpotentials mit Hilfe einer wertorientierten IT-Governance muss sich die IT an den Bedürfnissen und Zielen der IT-Leistungsempfänger ausrichten und gleichzeitig pro-aktiv die eigene Leistungserbringung forcieren [Buchta09]. Dies erfordert die Etablierung von einigen Richtlinien in Bezug auf (vgl. [Buchta09, Fröhlich07])

1. die Rollenverteilung zwischen Fach- und IT-Bereichen,

2. zentrale und dezentrale IT-Zuständigkeiten und

3. die Definition von IT-Steuerungsprozessen.

Rollenverteilung zwischen Fach- und IT-Bereichen

Die Rollenverteilung von Fach- und IT-Bereichen muss im Rahmen der IT-Steuerung im Unternehmen fest definiert sein. Sie bildet die „elementare Grundlage jeder funktionierenden Organisation und [ist] Voraussetzung für das Tragen von Verantwortung und das Ablegen von Rechenschaft" [Fröhlich07]. In diesem Kontext sind Steuerungsmodelle zwischen Fachabteilungen und IT vorzusehen, die klare Entscheidungsbefugnisse, Verantwortungsbereiche bzw. Haftungen und Pflichten regeln [Fröhlich07]. Ebenfalls muss die Leitung und Koordination der IT-Steuerung bestimmt werden. In viele Unternehmen liegt sie entweder auf der Demand-Seite (bei den Fachabteilungen als Leistungsabnehmer) oder auf der Supply-Seite (bei der IT als Leistungserbringer). Zur Sicherstellung einer wertfördernden Geschäftsorientierung kann beispielsweise eine Demand-Organisation auf Seiten des Geschäfts unter der Leitung des CIOs aufgebaut werden, die mit Hilfe von IT-Koordinatoren in den Fachabteilungen die Steuerung des IT-Managements übernimmt [Buchta09]. Durch die Verzahnung von IT und Business werden so sowohl realistische Anforderungserhebungen als auch wertschöpfungsrelevante Leistungs- und Prozessinnovationen gefördert [Buchta09].

Zentrale und dezentrale IT-Zuständigkeiten

Die Frage nach der Zentralisierung und Dezentralisierung der IT ist ein wichtiges Thema, da sie vor allem für größere Unternehmen Kostensenkungs- und zugleich Performanceoptimierungspotenziale in sich birgt [Buchta09]. Allerdings kann die Beantwortung der Frage nicht pauschalisiert werden, da sie von vielen Faktoren Abhängig ist [Fröhlich07] und unternehmens- bzw. sogar leistungsindividuell abgewägt werden muss [Buchta09].

Die zentrale Steuerung der IT ist äußerst vorteilhaft, wenn sich dadurch unternehmensweite Standardisierungen, einheitliche Lösungen, Harmonisierungen [Buchta09] und Effizienzsteigerungen durch hohe Skaleneffekte [Fröhlich07] erwirken lassen. Die Dezentralisierung dagegen ist dann vorzuziehen, wenn individuelle Lösungen und Geschäftsprozesse vorliegen [Fröhlich07] und erzielte Effektivitätsnutzen für die lokalen Anforderungen den dafür erforderlichen Mehraufwand übersteigen [Buchta09]. Eine angemessene Abwägung der Vorgehensweise kann dabei auf Leistungsebene hinsichtlich der strategischen Relevanz und den Synergiepotenzialen erfolgen [Buchta09]. Aus strategischer Sicht müssen insbesondere Aspekte wie Kosten, Leistungsqualität und Tendenzen für das Umsatzwachstum bewertet werden. Die Betrachtung der Synergiepotentiale umfasst dabei u.a. Faktoren wie die Kostenreduktion aufgrund von Volumenbündelungen oder die unternehmensweite Konsolidierung des IT-Know-hows [Buchta09]. Vor allem für Leistungen mit hohem Synergiepotenzial empfiehlt sich eine zentralisierte Implementierungsform. Im Umkehrschluss soll auf eine dezentrale Steuerung zurückgegriffen werden, wenn der

Synergienutzen unbeträchtlich ist. Auch hierbei kann wiederum auf eine Portfolio-Analyseform zurückgegriffen werden (vgl. z.B. Abb. 3.11).

Definition von IT-Steuerungsprozessen

Ein weiterer Bestandteil einer ganzheitlichen IT-Governance ist die Definition von Steuerungsprozessen für die IT, die festgelegte Richtlinien enthalten. Buchta et al. erachten die Prozesserarbeitung vor allem für die Domänen (vgl. [Buchta09])

1. IT-Innovationsmanagement,

2. IT-Projektplanung und -steuerung und

3. IT-Controlling

für notwendig.

- Das *Innovationsmanagement* umfasst „die unternehmensweite Identifizierung und Evaluierung von innovativen und für die Umsetzung der Unternehmensstrategie relevanten IT-Themen" [Buchta09]. Zu diesem Zweck müssen die IT-Anforderungen der einzelnen Fachbereiche zusammengetragen und analog zu den in Kap. 3.2.2 vorgestellten Verfahren des IT-Portfoliomanagements nach ihrem Kosten- und Nutzenverhältnis bewertet (z.B. mit Hilfe von Business Cases) und in einem IT-Portfolio priorisiert werden.

- Die *IT-Projektplanungund -steuerung* verankert Steuerungsmechanismen, um „eine unternehmensweit koordinierte Durchführung und Implementierung der geplanten Innovationen" [Buchta09] zu ermöglichen.

Hierbei ist eine Unterscheidung nach unternehmensübergreifenden und (abteilungs-) individuellen Themen zweckmäßig [Buchta09], zum einen um nutzbringende Projekte zentral zu steuern und zum anderen um sie ggf. auch anderen Unternehmenseinheiten zur Verfügung zu stellen. Projekt-Roadmaps bieten hierzu geeignete Modellierungsmöglichkeiten an, um die Projektplanung und -durchführung zu skizzieren sowie die Verantwortlichen und die Steuerungsmaßnahmen festzuhalten.

- Die Prozesse des *IT-Controllings* befassen sich, neben der Überwachung und Steuerung der IT (z.B. kennzahlenbasiert mit der IT-Card), mit den Kostenkorrelationen zwischen der IT und dem Geschäftserfolg sowie mit der Planung und Steuerung des IT-Budgets [Horváth04]. Das IT-Controlling muss somit Maßnahmen bereitstellen, um jederzeit Auskunft über die Qualität der IT, ihrer Kostenkontrolle und der Budgetierung geben zu können, wodurch die weitere Steuerbarkeit der Leistungserbringung erreicht wird [Buchta09]. Dazu sind Prozesse einzuführen, die eine leistungsgerechte Erfassung und Verrechnung der IT-Kosten sicherstellen und somit „Transparenz über die Effektivität und Effizienz des IT-Einsatzes" [Klein08] schaffen.

3.2.5 IT-Performance Measurement

Aufgabe des *IT-Performance Measurements* ist die Überwachung der Zielplanungen und die ganzheitliche und leistungsbezogene Abbildung der IT mittels Kennzahlen und Kennzahlensystemen [Klein08]. Im Kontext eines

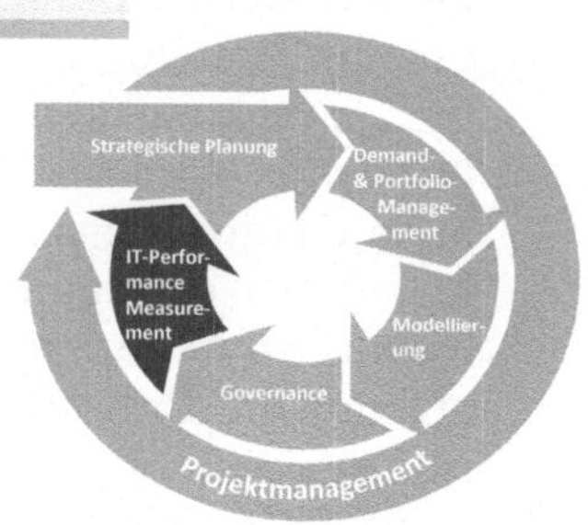

IT-Performance Measurement

> Kennzahlensysteme
> KPI-Cockpits

Abb. 3.22: IT-Performance Measurement

Vorgehens für ein strategisches Alignments knüpft diese Phase an die Governance-Phase(insbesondere des IT-Controllings) an und unterstützt ihre Steuerung und somit auch die Ausrichtung der IT mit dem Business. Nach Klein et al. bezieht sich ein Monitoring für das IT-Performance Measurement auf die (vgl. [Klein08])

1. **Umsetzung der an der Unternehmensstrategie ausgerichteten IT-Strategie,**
2. **Einhaltung festgelegter Investitionsrahmen,**
3. **Umsetzung von Projekten,**
4. **Verwendung von Ressourcen,**
5. **Prozess-Performance und**
6. **IT Leistungserbringung.**

KPI-Steuerung der IT-Card

Die in diesem Buch vorgestellte IT-Card leistet mit ihrem kennzahlenbasierten Zielsteuerungssystem einen Beitrag zum Performance Measurement. Für die nachhaltige

Tabelle 3.3: Kennzahlen für die IT-Card

Finanzen	
▪ Budgetausschöpfungsgrad	▪ Anteil der Kosten X an den IT-Gesamtkosten
▪ Effiziensssteigerungsrate	▪ ...
Kunden der IT	
▪ Kundenzufriedenheit	▪ Anforderungen pro IT-Kunde
▪ Aufwand für Kundenbetreuung	▪ ...
Risikomanagement	
▪ Risikograd	▪ ...
Prozesse in der IT	
▪ Prozessleistung	▪ ...
Organisation, Ressourcen & Potenziale	
▪ Mitarbeiterzufriedenheit	▪ ...

Steuerbarkeit bedarf es eines regelmäßigen Abgleichs der Ist- und Zielzustände mittels situationsgerechter KPIs. Hierfür müssen die Top-Level Ziele der IT-Card auf die einzelnen IT-Fachbereiche, Business-Prozesse, IT-Prozesse und IT-Systeme heruntergebrochen werden [Blankenhorn08]. Tabelle 3.3 zeigt exemplarisch einige potentielle Kennzahlen die bei der Steuerung der IT-Card Anwendung finden könnten. Eine umfassende Auflistung von KPIs wird im nächsten Abschnitt vorgestellt.

Kennzahlen und Kennzahlensysteme

Die Generierung von Kennzahlen und Kennzahlensystemen schafft Transparenz für das Business-IT Alignment im Unternehmen und bildet die Grundlage für ihre effektive Steuerung. Von besonderer Bedeutung ist hierbei die Anwendung von geschäftsrelevanten Metriken, die nicht nur für die IT, sondern vor allem aus der Geschäftssicht von Belang sind und somit einen Bezug zwischen IT,

Wertschöpfung und Business schaffen. Beispiele für solche Kennzahlen wären z.B. Messungen der Kundenzufriedenheit [Blankenhorn08], der Kosten, der Produktivitätszunahmen, etc.

Kennzahlensysteme unterstützen das Management bei der Planung, Überwachung und Steuerung des Unternehmens und seiner Abläufe. In erster Linie dienen sie dem Zweck, „Aussagen über bestimmte Phänomene (der IT) durch systematische Analyse[n] der erfassten Daten" [Kütz07] zu machen. Dazu fasst ein Kennzahlensystem einzelne Kennzahlen zusammen und schafft unter Berücksichtigung ihrer Abhängigkeiten und Zusammenhänge ein Gesamtbild [Kütz07]. Die hierfür notwendigen Kennzahlen müssen „Sachverhalte quantitativ und in konzentrierter Form" erfassen können, d.h. sie müssen Sachverhalte und Zusammenhänge darstellen, ihre Messbarkeit gewährleisten und diese „komprimiert und auf einfache Art" [Kütz07] wiedergeben.

Jedes Kennzahlensystem muss individuell an die Steuerungsaufgaben des Unternehmens bzw. des Organisationsbereichs angepasst werden. Zu diesem Zweck kann entweder auf bereits vorhandene Kennzahlen zurückgegriffen werden oder es müssen entsprechende Messgrößen eigens entwickelt werden (vgl. [Kütz07]).

Allen Kennzahlen gemein ist, dass sie bestimmte Anforderungen hinsichtlich ihrer Ausprägungen, Ermittlung, Aufbereitung und Darstellung erfüllen müssen, zum einen um sie eindeutig abgrenzen zu können, zum anderen um die Prüfung ihrer Relevanz und ihre Kontrollierbarkeit zu ermöglichen. Kütz empfiehlt hierfür eine detaillierte Dokumentation in Form von Steckbriefen [Kütz07] (vgl. Tabelle 3.4).

Tabelle 3.4: Kennzahlen-Steckbrief

Beschreibung		
▪ Bezeichnung	▪ Zielwert	▪ Eskalationsregeln
▪ Beschreibung	▪ Sollwerte	▪ Gültigkeit
▪ Adressat	▪ Toleranzwerte	▪ Verantwortlicher
Datenermittlung	**Datenaufbereitung**	**Präsentation**
▪ Datenquellen	▪ Berechnungsweg	▪ Darstellung
▪ Messverfahren	▪ Verantwortlicher	▪ Aggregationsstufen
▪ Messpunkte		▪ Archivierung
▪ Verantwortlicher		▪ Verantwortlicher
Verschiedenes		

Analog dazu können Einzelheiten der Zusammensetzung, der Steuerungsaufgaben und der Analyseunterstützung mit Hilfe entsprechender Steckbriefe für Kennzahlen-Systeme dokumentiert werden (vgl. Tabelle 3.5).

Tabelle 3.5: Steckbrief für ein Kennzahlensystem

Beschreibung	
▪ Bezeichnung ▪ Zugehörige Kennzahl ▪ Systemverantwortlicher	
▪ Beschreibung und Abgrenzung des Steuerungsobjekts	
Steuerungsaufgabe	**Unterstützung der Analyse**
▪ Beschreibung	▪ Wirkungsketten
▪ Ziel- und Sollwerte	▪ Abhängigkeiten und Wechselwirkungen
▪ Toleranzwerte	▪ Erfahrungen
▪ Adressat	
▪ Eskalationsregeln	
▪ Präsentation	

Kennzahlensysteme können für verschieden Anwendungsbereiche konzipiert werden. Die IT-Card mit ihren kennzahlenbasierten Zielperspektiven stellt hierunter nur ein mögliches Beispiel dar. Angesichts der Betrachtung des Strategic Alignments ergibt sich eine sinnvolle Aufstellung von Kennzahlenperspektiven in Bezug auf die Segmente Kunden, Finanzen, Prozesse, Innovationen, Mitarbeiter und Lieferanten. Tabelle 3.6 und 3.7 listen eine Auswahl von KPIs, übertragen auf die Steuerung des in diesem Buch vorgestellten Alignment-Ansatzes auf.

Tabelle 3.6: Kennzahlen für das Demand- und Portfolio-Management

Bezeichnung	Formel
Budgetausschöpfungsgrad	Volumen budgetwirksame Auszahlungen (€) / Budget (€)
Investitionsanteil	Investitionsvolumen (€) / Budget (€)
Anteil der Kosten X an den IT-Gesamtkosten	Volumen der Kosten X (€) / IT-Gesamtkosten (€) z.B. X = *Entwicklungskosten/Investitionen in Wartung/...*
IT-Kosten, bezogen auf den Wert X der Gesamtorganisation	IT-Kosten (€) / X (€) z.B. X = *Rohertrag/Gesamtkosten/Umsatz/...*
Leistungswert der IT	Σ Anzahl Leistungseinheiten (Stück) x Stückkostensatz (€)
Anforderungen pro IT-Kunde	Anzahl von Anforderungen (Stück) / Anzahl Kunden (Stück)

Tabelle 3.6: (continued)

Bezeichnung	Formel
Aufwand für Kundenbetreuung	Aufwand Kundenbetreuung (€) / Umsatz (€)
Zufriedenheit der Kunden (Befragungen, Notenskala)	[Zuverlässigkeit der IT + Funktionalität der IT + Sicherheit der IT + Partnerschaft zw. Business- und IT-Bereich + …] / Anzahl Kriterien
Bearbeitungsgeschwindigkeit für Anforderungen	Anzahl der eingegangenen Anforderungen, die in einer Zeitspanne X bearbeitet werden (Stück) / Anzahl der eingegangenen Anforderungen (Stück)
Verrechnungsgrad der IT-Kosten	Verrechnete IT-Kosten (€) / IT-Gesamtkosten (€)
Rentabilität des Projekts	Kumulierter Nettonutzen des Projekts (€) / Projektvolumen (€)
Risikograd des Projekts	Schadensvolumen (€) / geplanter Projekt-Gesamtaufwand (€)
Qualität der Leistungsverrechnung (Befragungen, Notenskala)	[Korrektheit der Rechnung + Verständlichkeit der Rechnung + Planbarkeit der IT-Kosten + Verursachungsgerechtigkeit + …] / Anzahl Kriterien
Realisierter Preis	Umsatz des Produkts (€) / Leistungsmenge (Stück)

Tabelle 3.6:   (continued)

Bezeichnung	Formel
Einhaltung von SLAs (Befragungen, Notenskala)	*Ermittlung aus gemessenen Serviceparametern und Kundenbewertungen*
Qualität von Änderungsanforderungen	Anzahl der Änderungsanforderungen mit Rückgabe (Stück) / Gesamtzahl der eingehenden Änderungsanforderungen (Stück)

Tabelle 3.7:   Kennzahlen für die Governancephase

Bezeichnung	Formel
Anteil IT-bezogener Verbesserungsinitiativen	Anz. IT-bezogener Verbesserungsinitiativen (Stück) / Gesamtanzahl formaler Verbesserungsinitiativen (Stück)
Umsetzungsgrad Verbesserungsinitiativen	Anz. umzusetzender IT-bezogener Verbesserungsinitiativen (Stück) / Anz. IT-bezogener Verbesserungsinitiativen (Stück)
Umsetzungsgeschwindigkeit Verbesserungsinitiativen	Anz. der in der Zeitspanne X umgesetzten IT-bezogenen Verbesserungsinitiativen (Stück) / Anz. umzusetzender IT-bezogener Verbesserungsinitiativen (Stück)

Tabelle 3.7: (continued)

Bezeichnung	Formel
Verhältnis zwischen IT- und Fachmitarbeitern in IT-Entscheidungsgremien (Befragungen, Notenskala)	Vertrauen + gegenseitiges Verständnis + Zufriedenheit mit Entscheidungen + … / Anzahl Kriterien
Mitarbeiterzufriedenheit (Befragungen, Notenskala)	[Leistungsangebote + Qualifikationsmöglichkeiten + Arbeitsklima + …] / Anzahl Kriterien
Anteil IT-Mitarbeiter mit der Eigenschaft X	Anz. IT-Mitarbeiter mit der Eigenschaft X (Stück) / Anzahl IT-Mitarbeiter (Stück)
Weiterbildungsgrad	Durchgeführte Weiterbildungsmaßnahmen (Zeit) / geplante Weiterbildungsmaßnahmen (Zeit)
Prozesskostensatz	Prozesskosten (€) / Anzahl Prozessdurchführung (Stück)
Prozessleistung	Anzahl Prozessdurchführungen (Stück) / Zeitraum
Anteil Kosten X an Produktkosten	Volumen Kosten X (€) / Gesamtkosten des Produkts (€) z.B. X = *Einführungskosten, Entwicklungskosten, …*
Wirtschaftlichkeit	Σ bewertete Nutzeneffekte (€) / Σ kosten (€)

Tabelle 3.7:   (continued)

Bezeichnung	Formel
Amortisationsgrad	Kumulierte Nettoüberschüsse (€) / kumuliertes Projekt- und Änderungsvolumen (€)
Deckungsbeitrag des Produkts	Umsatz des Produkts (€) – proportionale Kosten des Produkts (€)
Reklamationsdichte	Anzahl Reklamationen (Stück) / Fremdleistungsvolumen
Anteil abgeschlossener IT-Projekte „in time"	Anz. abgeschlossener IT-Projekte „in time" / Gesamtanzahl abgeschlossener IT-Projekte „in time"
Anteil abgeschlossener IT-Projekte „in budget"	Anz. abgeschlossener IT-Projekte „in budget" / Gesamtanzahl abgeschlossener IT-Projekte „in budget"

Zur Darstellung eines solchen Kennzahlensystems bieten sich so genannte datenbankbasierte Performance-Cockpits [Blankenhorn08] oder (CIO-) Dashboards an, die eine „übersichtliche und zusammenfassende grafische Darstellung von Key Performance-Indikatoren der IT" [Klein08] bereitstellen (vgl. Abb. 3.23).

Die Resultate des IT-Performance Measurements bilden die Grundlage für neue Planungsnotwendigkeiten. Erkenntnisse über Schwachstellen und Abweichungen müssen in eine Konzeption von Maßnahmen münden, beispielsweise in Form von Verbesserungsinitiativen oder

●●● Prozesse	Ist-Wert	Abweichung Vormonat	Ziel-Wert	Trend
Ist-Bearbeitungsaufwände pro Bug in PT	23	+ 8	27	↑
Offene IR	14	- 1	30	→
Fremdlösungsanteil an Gesamtvorfälle in %	19	+ 2	18	↗
Bearbeitungszeit pro IR in PT	4	+ 0	25	↘
Relative Systemverfügbarkeit	16	- 4	36	↓

●●● Finanzen	Ist-Wert	Abweichung Vormonat	Ziel-Wert	Trend
Relativer Budgetausschöpfungsgrad in %	15	+ 3	22	→
Bewertete IT-Leistung in TEURO	26	+ 7	28	↗
Betriebskosten an IT-Gesamtkosten in %	9	+ 2	11	↗
IT-Kosten pro Sendung €	6	+ 0	2	↘

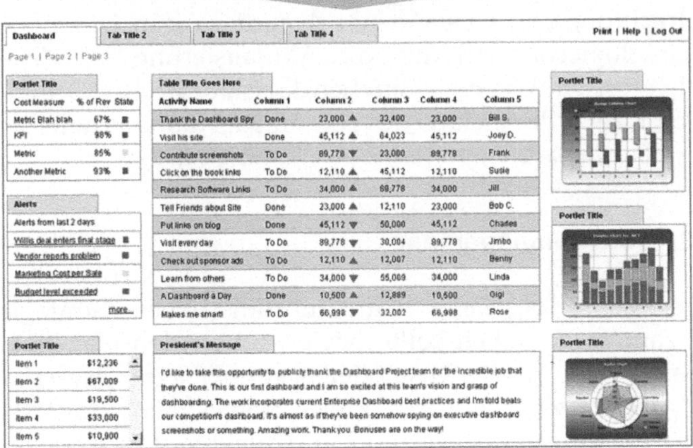

Abb. 3.23: KPI-Cockpit

In Anlehnung an: Quellen: [Kütz07, Dashboard09]

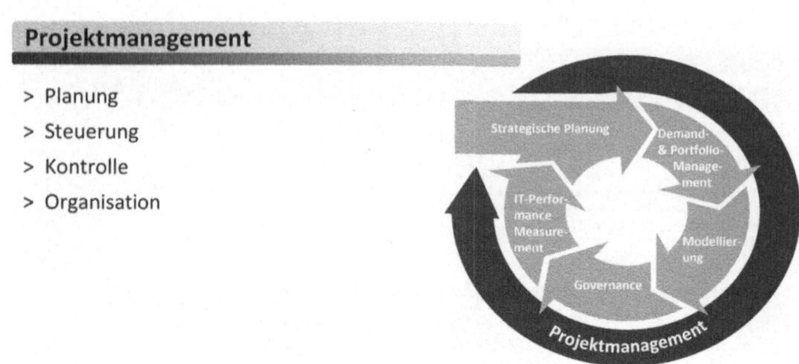

Abb.3.24: Projektmanagement

der Einführung neuer Möglichkeiten. Gleichzeitig sind die Betrachtung neu entstandener Anforderungen (z.B. neue Technologiechancen) und die Aktualisierung der Ziele obligatorisch. Wie der Vorgehenskreislauf in Abb. 3.4 andeutet, setzt der Zyklus des Alignments damit erneut bei der Planung an.

3.3 Projektmanagement

Für die erfolgreiche Durchführung eines Strategic Alignment-Vorhaben sollte begleitend zu den einzelnen Phasen des Vorgehensmodells ein *Projektmanagement* aufgesetzt werden. Ein Projektmanagement umfasst „alle Leitungsaufgaben und Instrumente für die Planung, Steuerung, Kontrolle und Organisation eines oder mehrerer Projekte" [H&P09a].

Horváth & Partners definiert ein Projekt als „ein Vorhaben, das Ziele verfolgt, Veränderungen zustande bringt, einmalig ist, begrenzt ist in Zeit und Budget und den

Einsatz von Menschen mit unterschiedlichen Verantwortlichkeiten und Fähigkeiten erfordert" [H&P09a]. Aus einer abstrakten Betrachtungsweise heraus durchläuft ein Projekt typischerweise den Phasenzyklus der *Vorbereitung*, *Planung*, *Umsetzung* und des *Reviews* (vgl. [H&P09a], Abb. 3.25). So wird die Umsetzung der Maßnahmen, die z.B. im Rahmen des Demand- und Portfolio-Managements bzw. der Modellierungsphase beschlossen werden, in Form von Projekten konzipiert, geplant und im Anschluss implementiert und evaluiert. Ihre Steuerung obliegt dem Aufgabenbereich des Projektmanagements.

Um die Komplexität eines Vorgehens zu reduzieren, kann eine Zerlegung in mehrere Teilprojekte die Planung, Koordination und Durchführung der Aktivitäten deutlich vereinfachen. Aufgabe des Projektmanagements ist es, das Management dieser Herangehensweise zu übernehmen und dabei die Abstimmung, eine zielorientierte Steuerung

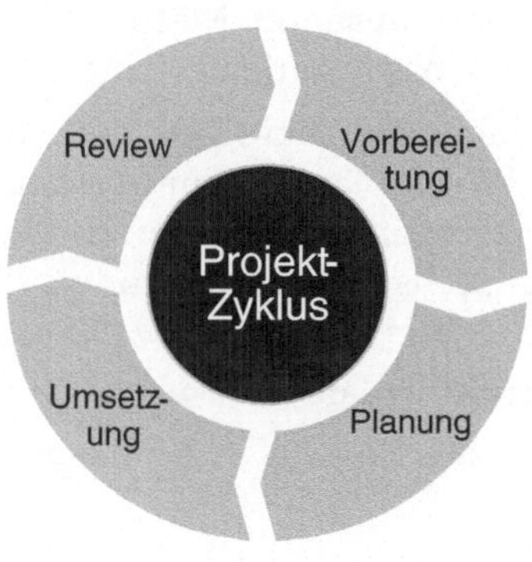

Abb. 3.25: Projektzyklus

und generell erforderliche Controllingmaßnahmen für die Zielerreichung bereitzustellen. Bezogen auf den Anwendungsfall der Synchronisation von IT- und Konzern-Strategie empfiehlt es sich beispielsweise, den Prozess in Teilschritte zu zerlegen und „Arbeitspakete der Operationalisierung zu definieren" [Blankenhorn08]. Diese müssen im Anschluss zeitlich wie auch aufwandsbezogen geplant werden [Blankenhorn08].

Die Planung und Implementierung eines Projektmanagements erfolgt unter Beachtung verschiedener Aspekte (vgl. [H&P09a]). Zum einen müssen die strategischen und operativen Aufgaben des Projektmanagements im Vorfeld abgeklärt werden. Die Etablierung eines Projektcontrollings ermöglicht indessen die Überwachung der Zielerreichung, der Ergebnisbeiträge, des Zeitplans, des Wertbeitrags, der Stakeholderbeteiligung, personeller Kriterien und möglicher Risiken. Weiterhin muss das Projektmanagement organisatorisch in die Aufbauorganisation eingebettet werden. Dies kann beispielsweise in Form einer Stabs-Projektorganisation, Matrix-Projektorganisation oder reinen Projektorganisation erfolgen.

Ein Projektmanagement muss geeignete Instrumente für die eigentliche Projektplanung zur Verfügung stellen. Beispielsweise besteht das Planungsportfolio von Horváth & Partners aus sechs sich ergänzenden Elementen (vgl. [H&P09a], Abb. 3.26):

1. **Projektstrukturplan**

   Aufteilung des Projekts in Arbeitspakete

2. **Ablaufplan**

   Planung der zeitlichen Bearbeitung der Arbeitspakete

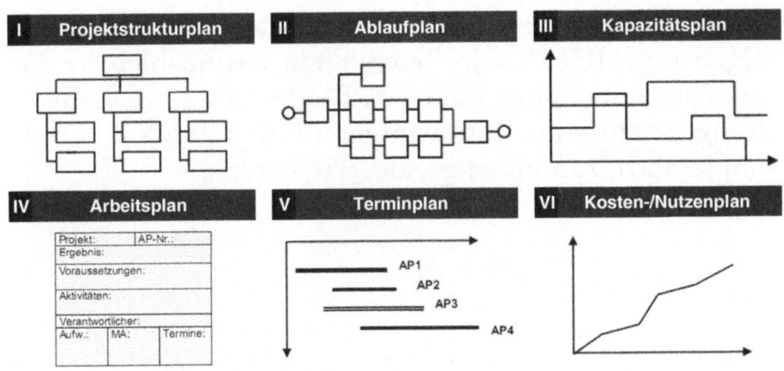

Abb. 3.26: Elemente der Projektplanung nach Horváth & Partners
Quelle: [H&P09a]

3. **Kapazitätsplan**

   Planung der Kapazitätsabdeckung in den Abteilungen

4. **Arbeitsplan**

   Klare Beschreibung jedes Aufgabenpakets (Ergebnis, Aktivitäten, Verantwortlicher, Aufwand, Termine, etc.)

5. **Terminplan**

   Planung der Termine der Arbeitspakete unter Berücksichtigung von Risiken

6. **Kosten-/ Nutzenplan**

   Errechnung der Kosten und Nutzen des Projekts.

Zuletzt ist es Aufgabe des Projektmanagements, eine Bewertung der Projekte, sowohl im Vorfeld wie auch während der Projektphase, durchzuführen. Die Bewertung kann beispielsweise in Bezug auf die strategische Positionierung (Nutzen-/Zeit-Analyse), die Rentabilität (ROI), die Kapazitätsauslastung, die Risikotragbarkeit, etc. erfolgen (vgl. [H&P09a]). Bedeutende Kennzahlen in diesem Zusammenhang sind u.a. Produktivität, Planabweichung, Plantreue, Kostenanteil, Produktivanteil, Erfahrungsstand, Terminmenge, etc. [Fiedler05].

4 Business Intelligence

Business Intelligence (BI) ist ein Thema, das in den vergangenen Jahren enorm an Bedeutung gewonnen hat. Aktuell gehört es zu den schillerndsten Begriffen der modernen Informationsverarbeitung [Mertens02] und rangiert als Top-Technologie-Priorität in den Unternehmen [Gartner06]. BI im weiteren Sinne umfasst den Vorgang der „Sammlung, Auswertung und Darstellung aller in einem Unternehmen vorhandenen Geschäftsdaten" [Zimmermann07]. Das Prinzip der Datenerfassung ist aus betriebswirtschaftlicher Sicht nicht neu und wird von Unternehmen schon seit geraumer Zeit praktiziert, beispielsweise in Form von handgeschriebenen Zetteln u.ä. [Zimmermann07]. Dieses Vorgehen kann allerdings technologisch unterstützt und automatisiert werden, wodurch größere Datenmengen bewältigt werden können und die Aussagekraft wie auch die Konsistenz der Informationen gesteigert werden kann. In der heutigen Wahrnehmung von BI wird zunehmend die Anwendung von diversen Systemapplikationen verstanden, „die auf der Basis von internen Kosten- und Leistungsdaten sowie externer Marktdaten in der Lage sind, das Management in seiner planenden, steuernden und koordinierenden Tätigkeit zu unterstützen" [Klein08]. Eine ganzheitliche BI-Systemlandschaft löst die manuelle Beschaffung und Aufbereitung von

I. Bashiri et al., *Strategic Alignment*, Informatik im Fokus,
DOI 10.1007/978-3-642-11438-0_4, © Springer-Verlag Berlin Heidelberg 2010

Informationen ab, indem sie die relevanten Daten aus zumeist heterogenen Quellen automatisch zusammenführt, strukturiert und anwenderorientiert zur Verfügung stellt [Zimmermann07]. Dadurch ist sie ein wichtiger Bestandteil des Führungsmanagements und unterstützt auf effektive Art und Weise seine Steuerung.

Die zentrale Architektur- und Informationskomponente einer BI-Plattform ist das *Data Warehouse* bzw. Business Information Warehouse [Mertens02, Klein08]. Wie in Abb. 4.1 dargestellt, bündelt sie „mithilfe moderner informatischer und wirtschaftsinformatischer Methoden qualitative, quantitative, interne und externe Informationen" [Mertens02] in ein zentrales Datenlager. Die im Data Warehouse vereinten und aufbereiteten Daten bilden damit die Grundlage, um Informationen aus vergangenen und aktuellen Perioden zu vergleichen, daraus zukünftige Werte zu projizieren [Klein08] oder Entscheidungshilfen mittels Analyse- und Auswertungsmethodiken zu

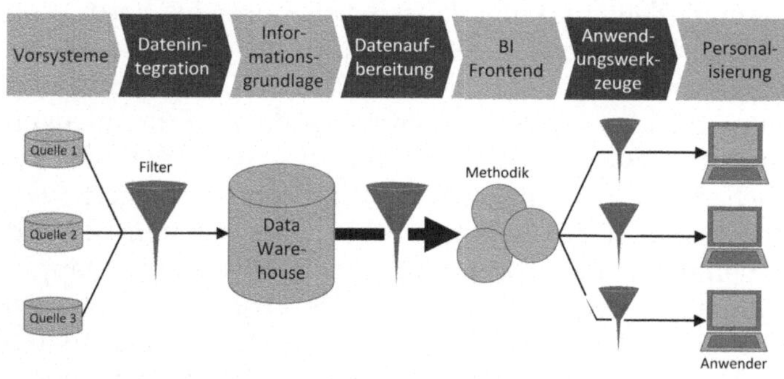

Abb. 4.1: Architektur von BI-Systemen
In Anlehnung an: Quellen: [Mertens02]

erhalten. Wichtige Begriffe in diesem Kontext sind u.a. Online-Analytical-Processing (OLAP) oder Data Mining. BI-Verfahren werden vor allem für die Aufstellung von Kennzahlen, Kennzahlensystemen und dem Customer Relationship Management (CRM) angewendet. Moderne BI-Applikationen ermöglichen dabei eine anforderungsgerechte Personalisierung der Information und ihrer Darstellung, z.B. in Form von Cockpits, für die verschiedenen Anwendergruppen.

4.1 BI-Strategie und BI-Governance

Die Nutzung von Business Intelligence kann einem Unternehmen bei der Schaffung wichtiger Wettbewerbsvorteile helfen.

Beispiel: Prominentes Beispiel ist die Supermarktkette Wal-Mart (vgl. [Buser07]). Sie analysierte ihre Datenbeständen in Bezug auf Kaufgewohnheiten ihrer Kunden und erkannte, dass ein Großteil der männlichen Kundschaft gleichzeitig Bier und Windeln kauft. Auf Basis dieser Einsicht wurden beide Produkte im Sortiment nahe benachbart positioniert, um dadurch die Verkaufszahlen stärker anzuregen.

Beispiel: Ein weiteres Exempel für die Erkenntnisgewinnung durch den Einsatz von BI beschreibt Mertens für einen LKW-Hersteller (vgl. [Mertens02]). Dieser erkannte eine verhältnismäßig hohe Reklamationsmenge bei einem seiner Exporteure aufgrund von einseitig abgefahrenen

Vorderrädern. Die weiteren Untersuchungen ergaben, dass dies ein generelles Problem der
Fahrzeuge mit Rechtslenkung für den engli-
schen Markt war. Man erkannte schnell, dass ein
spezieller Konstruktionsfehler dieser Fahrzeuge
den Lauf der Vorderräder beeinträchtigte.

BI-Strategie

Beide Beispiele zeigen, dass „BI eine Art strategische
Basistechnologie" [Trost06] ist, die einen entscheidenden Wertbeitrag für den Unternehmenserfolg leisten
kann. Für ihren nutzbringenden und zweckmäßigen
Gebrauch ist dementsprechend auch eine mittel- bis
langfristige *BI-Strategie* erforderlich, die unternehmensweit implementiert wird und auf die Funktional- und
Unternehmensstrategien abgestimmt ist. Eine derartige
Strategie beschreibt „im Sinne eines langfristigen und unternehmensweiten Master-Plans, wie das Unternehmen
die Auswertung von Informationen ausgestaltet" [Som-
mer08]. Sie stellt damit ein grundlegendes Rahmenwerk
für den Aufbau, die Steuerung und Koordination der
konzernweiten BI-Aktivitäten [Gluchowski08, Sommer08]
dar und schafft eine richtungweisende Ausgestaltung
der analytischen und entscheidungsorientierten Informationssysteme [Gluchowski08]. Zum einen betrachtet
die BI-Strategieplanung „Aspekte der Datenintegration,
der Konsolidierung und der Professionalisierung der BI-
Prozesse, die für eine kostenoptimierende BI-Infrastruktur
notwendig sind". Zum anderen muss sie im Hinblick
auf die strategischen, taktischen und operativen Kernziele
des Unternehmens zukunftsorientierte und Erfolg ver-
sprechende Projekte identifizieren, abgrenzen und ihre

Durchführung ausgestalten [Gluchowski08]. Der Fokus einer BI-Strategie liegt damit nicht nur auf der Beschreibung der passenden Architektur, sondern ebenfalls auf der Definition der fachlichen und technischen Anforderungen [Totok06].

BI-Governance

Eine *BI-Governance* umfasst die „Gestaltung und Steuerung der BI-Landschaft gemäß der BI-Strategie" [Sommer08]. Im Hinblick auf die Realisierung der BI-Ziele beschreibt sie zum einen die ablaufenden Prozesse, zum anderen bewirkt sie den verantwortungsvollen Umgang mit BI-Ressourcen [Totok06]. Im Kontext der betrieblichen Governance-Felder kann die BI-Governance als Teildisziplin der IT-Governance betrachtet werden. Kemper definiert sie als „den Bereich der organisatorischen Einbindung, der prozessualen Gestaltung und Steuerung des gesamten BI-Kontextes eines Unternehmens, um eine konsequente Ausrichtung des BI-Konzeptes an der Gesamtstrategie des Unternehmens sicherzustellen" [Kemper09].

Während die Business-Governance einen kontinuierlichen Kontroll- und Steuerungsprozess der Unternehmensleitung zur Maximierung der betriebswirtschaftlichen Performance darstellt, stellt die IT-Governance aus überwiegend technischer Sicht die Steuerung der IT-Abläufe und die Unterstützung der Unternehmensziele sicher [H&P07]. Aufgabe der BI-Governance ist die Verzahnung beider Ordnungsrahmen. Konkret umfasst dies die „ganzheitliche Betrachtung der im Unternehmen eingesetzten IT, Systeme und Anwendungen und deren Einsatz und Unterstützung in betrieblichen Geschäftsprozessen"

Abb. 4.2: Dimensionen der BI-Governance
In Anlehnung an: Quellen: [Gutierrez06]

[H&P07]. Die Schaffung eines ganzheitlichen und unternehmensübergreifenden Governance-Rahmens bewirkt damit einerseits die bedarfsgerechte Allokation der Ressourcen zu den betrieblichen Prozessen, andererseits ermöglicht sie die Steuerung der Infrastruktur wie auch technologiebasierter Entscheidungen [Gutierrez06].

Die Funktionsfelder der BI-Governance unterteilt Gutierrez in drei primäre Dimensionsbereiche (vgl. [Gutierrez06], s. Abb. 4.2):

- **Request Prioritization**

  Die Domäne *Request Prioritization* schließt auf Basis spezifizierter Kriterien jegliche Mechanismen zur Abwägung, Genehmigung und Priorisierung von BI-Projekten ein [Gutierrez06]. Die Definition eines Projektportfolios grenzt dabei diejenigen BI-Anwendungen ab, die zur Einhaltung der Unternehmensziele erforderlich sind [Kemper09].

- **Guidelines/Rules/Recommendations**

  Ein weiterer wesentlicher Bestandteil der BI-Governance ist die Handhabung und Einhaltung von Richtlinien, Regeln und Empfehlungen (*Guidelines / Rules / Recommendations*) [Gutierrez06]. Gegenstand dieses Rahmenfeldes sind implementierte Vorgaben für die BI-Entwicklung und den BI-Betrieb, z.B. in Form von Vorgehensmodellen oder Referenzarchitekturen [Kemper09].

- **Roles & Responsibilities**

  Fragestellungen im Kontext der *Roles & Responsibilities* befassen sich mit der Definition von Rollen und Verantwortlichkeiten für die Interessengruppen der IT und der Fachbereiche [Gutierrez06]. Neben der grundlegenden Nutzer- und Rollenverwaltung ist hierbei die Sicherstellung einer abgestimmten und übergreifenden Interaktion zwischen den Beteiligten von vorrangiger Bedeutung [Gutierrez06], ebenso wie die Thematik der hierarchischen Eingliederung der BI-Kompetenzen ins Unternehmen [Kemper09].

4.2 BI-Competence Center

Ein *Business Intelligence Competence Center* (BICC) besteht in der Regel aus einem Team von BI-Spezialisten mit interdisziplinären Kompetenzen und Fähigkeiten [Cognos06] aus den Bereichen Business und IT [SAS06]. Im

Gegensatz zu einer üblichen IT-Organisation ist eine BI-Organisation weniger für die Service- und Wartungstätigkeiten der IT-Arbeitsplätze zuständig. Sie ist vielmehr für die qualitative Datenaufbereitung und für Analyse- und Reporterstellungen verantwortlich. Zu ihren Tätigkeiten gehören beispielsweise die zentrale Integration der Daten aus verschiedenen Quellen, ihre Aufbereitung und die kontextbezogene Erzeugung nutzbringender Information mittels Analyse- und Auswertungsmetriken [Zeid06].

Einem BICC sind vordefinierte Aufgaben und Zielvorgaben, Rollen, Verantwortlichkeiten und Prozesse zugewiesen, um die effektive Anwendung von Business Intelligence Maßnahmen im Unternehmen zu gewährleisten [Zeid06, SAS06]. In ihrem Verantwortungsbereich liegen gleichermaßen die Darbietung von Analyse-, Reporting- und Beratungsservices für die Fachabteilungen sowie die größtenteils eigenverantwortliche, fachliche und technologische Entwicklung der Systeme [Totok06, Gluchowski08]. Nach Gluchowski müssen einem BICC konkrete ablauforganisatorische Aufgaben zugeteilt werden (vgl. [Gluchowski08]):

- BI-Strategieentwicklung,
- Konzeptionelle Beratung,
- Strukturierung und Priorisierung von Anforderungen nach fachlichen Inhalten,
- Schulung und Betreuung der Anwender,
- Organisation des Know-how-Transfers innerhalb der Organisation,
- Organisation und Führung von Schlüsselanwendern (Key User),

- Entwicklung und Anwendung von Methoden und Prozessen des BI-Projektmanagements und

- Management von BI-Service Level Agreements (SLAs).

Eine auf die BI bezogene Unternehmenseinheit muss zur Bewältigung dieser Tätigkeiten dabei „das Know How für alle relevanten Geschäftsprozesse auf der fachlichen Seite ebenso besitzen, wie für Datenmodell und -integration auf der technischen Seite" [Totok06]. In diesem Sinne kann einem BICC auch eine Moderatorrolle zwischen Fachbereich und IT zugesprochen werden, die einen Ausgleich zwischen den unterschiedlichen Interessen und Sichtweisen herstellt [Gluchowski08a].

Durch die Institution und den Betrieb eines BICC können zahlreiche Nutzenvorteile für ein Unternehmen realisiert werden:

- Maximierung der Effizienz, der Anwendung und der Qualität von unternehmensweiten BI-Maßnahmen [Cognos06, SAS06]

- Entwicklung von erfolgreicheren und wertschöpfenden BI-Lösungen bei geringerem Kosten- und Zeitaufwand [Cognos06]

- Integration und Konsolidierung aller BI-relevanten Prozesse und Initiativen [SAS06]

- Potentialausschöpfung der technologischen Investitionen [SAS06]

- Förderung einer höheren Anwenderakzeptanz [Cognos06, SAS06]

- Schließung der Lücke zwischen Fach- und IT-Bereichen [Cognos06]

- Höhere Geschäftseffizienz, -agilität und IT-Management durch effektive und transparente Informationsbereitstellung [Cognos06]
- Risikominderung bei der Implementierung und Realisierung [SAS06].

Empirische Studien belegen die relativ hohe Akzeptanz für spezialisierte BI-Organisationseinheiten in den Unternehmen (vgl. [Unger08]). Umfragen ergaben, dass bereits 65% der befragten Unternehmen eine existente BI-Einheit besitzen und weitere 11% eine zeitnahe Einführung einplanen. Die Ergebnisse weisen dabei eine „statistisch signifikant nachweisbare Tendenz zwischen Unternehmensgröße und Existenz/Planung der Einheiten" [Unger08] auf. Demnach betreiben oder planen über 85% der Unternehmen mit einem Gesamtumsatz von über einer Milliarde Euro eine entsprechende Organisationseinheit. Weiterhin ergab die Studie, dass die Mehrzahl der Unternehmen ihre BI-Einheit hierarchisch nahe der IT-Abteilung einordnen. Lediglich kleinere Unternehmen mit zahlenmäßig geringen IT-Kompetenzen neigen dazu, das BICC unterhalb der Unternehmensleitung zu integrieren. Bezogen auf Größe der Einheiten konnte ermittelt werden, dass das BICC sich bei ca. 80% der Befragten aus 1–20 Mitarbeitern zusammensetzt. Lediglich 6% der Studienteilnehmer betreiben eine BI-Einheit mit über 50 Mitarbeitern. Abb. 4.3 stellt eine Übersicht der einzelnen Ergebnisse zusammen.

Organisatorisch kann ein BICC in verschiedenen Ausgestaltungsformen im Unternehmen verankert sein. Abb. 4.4 zeigt in diesem Zusammenhang die möglichen Erscheinungsvarianten. So kann die Einheit real oder virtuell in der Organisation eingebettet sein (vgl. [Vierkom08, Cognos06]). In der Praxis sind dabei sowohl zentrale und

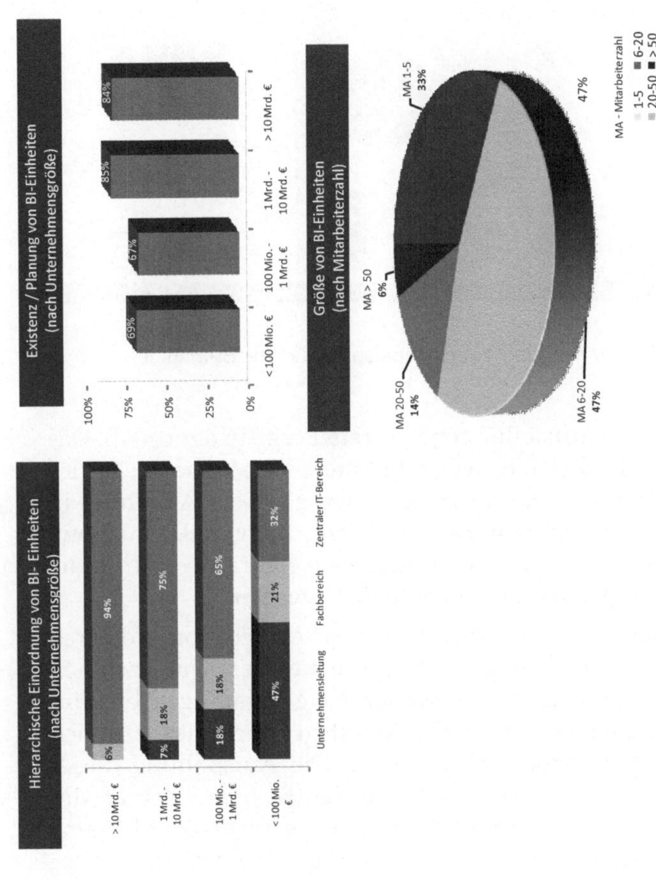

Abb. 4.3: Empirische Studienergebnisse für BI-Organisationseinheiten
In Anlehnung an: Quellen: [Unger08]

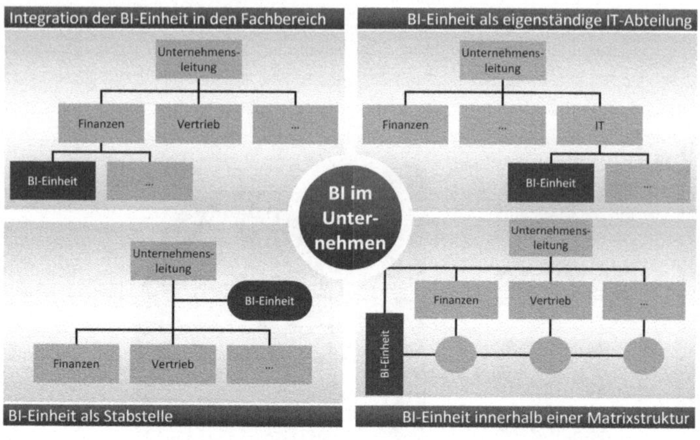

Abb. 4.4: Eingliederungsbeispiele für eine BI-Einheit

dezentrale Aufstellungen verbreitet (vgl. [Cognos06]). Das BICC kann beispielsweise hierarchisch als Stabstelle der Unternehmensleitung zugeordnet, als feste Abteilung in der IT bzw. in den Fachbereichen [Unger08, Gluchowski08] oder in Form einer virtuellen Matrixstruktur in die Aufbauorganisation eingegliedert werden.

Umfrageergebnisse des Business Application Research Center (BARC) zeigen, dass die meisten Unternehmen ihre BI-Kompetenzen entweder in eigenständige Abteilungen bündeln oder virtuelle Arbeitsgruppen diesbezüglich eingerichtet haben [Vierkom08]. Die Aufspaltung dieser Unternehmen nach ihrer Gesamtgröße (gemessen an der Mitarbeiterzahl) bringt hervor, dass virtuelle BI-Teams überwiegend von kleineren Unternehmen bevorzugt werden, während größere Unternehmen tendenziell zu festen BI-Abteilungen neigen (vgl. Abb. 4.5).

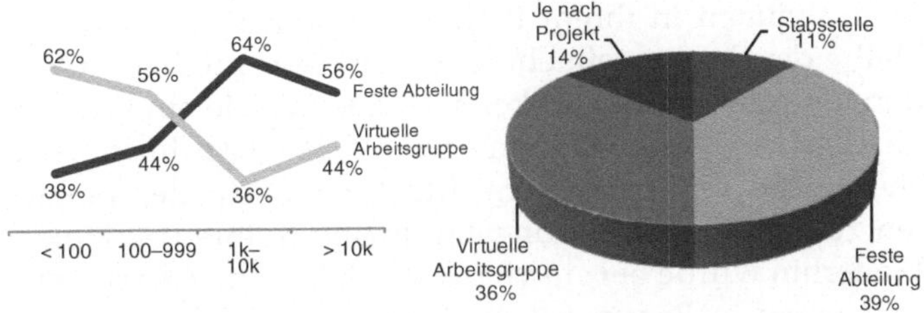

Abb. 4.5: Hierarchische Einbettung von BI-Einheiten in die Unternehmensstruktur
Quelle: [Vierkom08]

Weitere Untersuchungen haben sich mit der prinzipiellen Nutzbringung von BI-Einheiten und ihre Einflussbeziehungen auf die Geschäftsperformance beschäftigt (vgl. [SAS06], Abb. 4.6). Positive Ergebnisse konnten bei drei viertel der befragten Unternehmen festgehalten werden, welche durch die Einführung eines BICC erhöhte

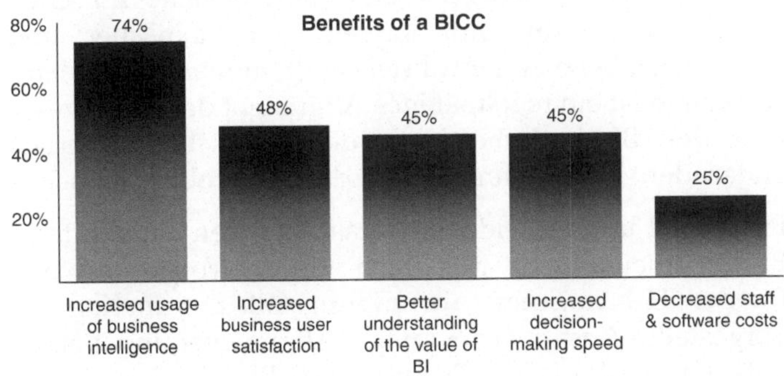

Abb. 4.6: Nutzenpotential eines BICCs Werte entnommen von
Quelle: [SAS06]

BI-Aktivitäten in ihrem Betrieb vermerken konnten. Die Hälfte der Studienteilnehmer konnte eine größere Zufriedenheit seitens der Fachbereiche ebenso wie ein besseres allgemeines Wertverständnis für die BI verzeichnen. Gleichermaßen registrierten ca. fünfzig Prozent der Befragten zügigere Entscheidungsfindungen in ihren Abläufen. Weiterhin wurde bei ein viertel der Teilnehmer Kosteneinsparungen in Bezug auf ihr Personal und ihre Software verzeichnet.

4.3 Strategic BI-Alignment

Analog zur IT ist die strategische Ausrichtung mit dem übergeordneten Unternehmensrahmen für das Themenfeld der Business Intelligence ebenfalls von besonderer Bedeutung. Die BI muss gleichermaßen den Auslegungen der IT und der des Geschäfts genügen und seine langfristigen Zielrichtungen unterstützen. Im Speziellen ist zu jederzeit eine ganzheitliche Entscheidungsunterstützung auf strategischer, taktischer und operativer Ebene zu gewährleisten [Sommer08]. Dementsprechend ist ein regelmäßiges Alignment der BI-Prozesse und der BI-Landschaft mit den (sich kontinuierlich ändernden) Unternehmensanforderungen obligatorisch.

Prinzipiell unterscheidet sich das Vorgehen des Strategic BI-Alignments nicht wesentlich von der Vorgehensweise für den IT-bezogenen Anwendungsfall. Der in Kap. 3.2 vorgestellte Ansatz des Strategic Alignments findet ebenfalls seine Gültigkeit in Bezug auf die BI.

Gegenstand eines BI-Alignments ist somit im ersten Schritt die *strategische Planung*, in der die „Bestimmung der eigenen strategischen Position" und die Ausrichtung der BI-Strategie „an den übergeordneten strategischen Vorgaben" [Gluchowski08a] stattfindet.

Das *Demand- und Portfolio-Management* für die BI identifiziert die grundlegenden Anforderungen der Endanwender an BI-Lösungen und stellt in Anbetracht der Wichtigkeit und des Kosten-Nutzen-Verhältnisses eine Priorisierungsrangfolge der einzelnen Vorhaben auf [Gluchowski08].

Die *Modellierungsphase* durchleuchtet die BI-Systemlandschaft und ihre Kernprozesse hin auf ihre strategische Ausrichtung. Die Anwendung von BI-spezifischen Reifegradmodellen kann dabei helfen, einen Überblick über den aktuellen Stand zu geben und mögliche Orientierungstendenzen vorzuweisen. Bekannte Vertreter solcher Reifegradlösungen wären hier beispielsweise das *Information Maturity Model* von IBM, das *BI Maturity Model* der TDWI und das *biMM*(Business Intelligence Maturity Model) von Steria Mummert.

Eine gezielte *BI-Governance* stellt dabei die notwendige Steuerung und Überwachung der BI-Aktivitäten sicher und gleicht sie mit den Unternehmenszielen ab [Totok06, Gluchowski08].

Die Aufstellung eines Kennzahlensystems im Rahmen des *Performance Measurements* ermöglicht zudem die Messung der Ist- und Ziel-Werte, wobei die erkannten Abweichungen Ansatzpunkte für neue Eingriffe aufzeigen. Im Zuge des Alignment-Kreislaufs sollten diese wiederum bei der Planung und Portfolio-Betrachtung angemessen beachtet werden.

Abb. 4.7: Gestaltungsfelder des strategischen BI-Alignments

Im Folgenden werden die drei Gestaltungsfelder

- BI-Strategie,
- BI-Governance und
- BI-Competence Center

des Ordnungsrahmens der Business Intelligence näher betrachtet (vgl. Abb. 4.7). Jede Betrachtungsdomäne spielt eine signifikante Rolle im strategischen Alignment-Prozess der BI und sollte daher gesondert berücksichtigt werden.

4.3.1 BI-Strategie

Korrespondierend zur Unternehmens- und IT-Strategie bildet die BI-Strategie das Kernstück der BI-Steuerung.

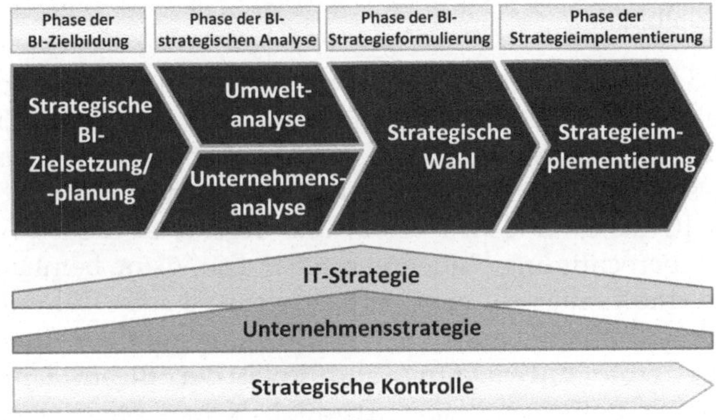

Abb. 4.8: BI-Strategieentwicklung

Aus ihr geht ein langfristiger und unternehmungsweiter „Orientierungsrahmen für die Ausgestaltung analytischer, entscheidungsorientierter Informationssysteme" [Gluchowski08a] hervor. Dabei muss ersichtlich sein, „wie das Unternehmen sich selbst mit Informationen versorgt und wie mit diesen umgegangen wird" [Totok06]. Voraussetzung hierfür ist die Definition von fachlichen und technischen Anforderungen und der Beschreibung einer passenden Architektur [Totok06].

Die *BI-Strategieentwicklung* erfolgt BI-spezifisch komplementär zu der IT-Strategieentwicklung. Wie in Abb. 4.8 dargestellt, richtet sich die BI-Strategiefindung an den „übergeordneten strategischen Vorgaben" der Unternehmens- und IT-Strategie aus [Gluchowski08a]. Eine wichtige Prämisse ist hierbei ein bereits vorhandener strategischer Einklang zwischen der IT und dem Geschäft [Gluchowski08a].

BI-Zielbildung

In der Phase der *BI-Zielbildung* findet die strategische Zielsetzung für die BI statt. Hier gilt es, einen Entwurf für die Mission und die Vision zu erstellen. Die Mission drückt das Selbstverständnis des BI-Bereichs aus [Gluchowski08a, Trost06] und beschreibt dessen Existenzberechtigung [Gluchowski08a]. Die Vision beinhaltet ein ambitioniertes, aber zugleich machbares Zukunftsbild und charakterisiert einen Ordnungsrahmen für die angestrebte Entwicklung und Rolle der BI im Unternehmen [Gluchowski08a, Trost06]. Neben Mission und Vision ist die Betrachtung der Stakeholder und ihrer Anforderungen notwendig. Dies impliziert die Erfassung der „Vorstellungen, Sichtweisen und auch Wünsche" [Gluchowski08a] aller beteiligten Interessengruppen und deren Einarbeitung in die Soll-Konzeption der Strategie.

BI-strategische Analyse

Die *BI-strategische Analyse* schließt die Untersuchung und Bewertung der internen Unternehmensfaktoren und der externen Umweltgegebenheiten in die Strategieentwicklung ein [Trost06]. Die *Unternehmensanalyse* umfasst dabei die Betrachtung von organisatorischen, fachlichen und technischen Aspekten für die BI [Gluchowski08a], insbesondere in Bezug auf den Zustand der BI-Landschaft und der strategischen Rahmenbedingungen, die IT- und geschäftsseitig vorgegeben sind (vgl. [Sommer08]):

- **Fachliche Analyse:**

  „Die fachliche Dimension widmet sich der Bedeutung von BI-Lösungen im Gesamtkontext der strategischen Unternehmungsausrichtung. Hier werden die fachlichen Informationsmodelle, die Validität der angebotenen Informationsinhalte sowie der Grad der Unterstützung von Analyse- und Entscheidungsprozessen berücksichtigt" [Sommer08]

- **Technische Analyse:**

  „Die Dimension Technik betrachtet die Flexibilität des Systementwurfs, stellt dieser den Standardisierungsgrad der Umsetzung gegenüber und fokussiert die Qualität der BI-Lösung" [Sommer08]

- **Organisatorische Analyse:**

  „In der Dimension Organisation werden die den BI-Systemen zugrunde liegenden Prozessmodelle (inkl. Rollen und Aufbauorganisation) betrachtet" [Sommer08].

Die *Umweltanalyse* eröffnet einen Überblick über den „Status Quo der Business Intelligence [...] und beinhaltet eine detaillierte Betrachtung von Marktgegebenheiten und -entwicklungen" [Sommer08]. Die Einbeziehung von Benchmarkanalysen mit Wettbewerbern und Branchenwerten kann zusätzlichen Aufschluss über die eigene Position verschaffen [Gluchowski08a].

Die Analyse der internen und externen Faktoren mündet in die Bewertung der Gesamtsituation. Im Ergebnis entsteht ein Anforderungskatalog für die BI-Strategie, der wiederum nach fachlichen, technischen und organisatorischen Facetten aufgespalten werden kann.

Vierkorn benennt u.a. folgende Beispielanforderungen (vgl. [Vierkorn08a]):

- **Fachliche Anforderungen:**
  - Identifikation des Informationsbedarfs intern und bei externen Partnern
  - Entwicklung eines Kennzahlenkataloges für ein unternehmensweites Reporting
  - Definition von unterschiedlichen User-Rollen (Informationskonsument, Informationsaufbereiter, Power-User) und deren Anforderungen
  - Berücksichtigung von fachabteilungsbezogenen und individuellen Anforderungen
  - Definition von Leitlinien für die Informationsaufbereitung/Methodologien
  - Aufbau einer BI-Beratung für die unterschiedlichen Bereiche im Unternehmen

- **Technische Anforderungen:**
  - Entwicklung einer Systemarchitektur zur Erfüllung der BI-Anforderungen
  - Festlegung der einzusetzenden Technologien
  - Definition einer Bebauungsplanung der entwickelten Systemarchitektur
  - Auswahl eines Toolportfolios auf Basis der Anforderungen im Unternehmen
  - Entwicklung von Richtlinien zum Einsatz der Werkzeuge
  - Identifikation und Nutzung von Synergien beim Betrieb der Systeme

- **Organisatorische Anforderungen:**
  - Etablierung von definierten BI-Prozessen (Bsp.: Neue Kennzahlendefinition, Entwicklung eines Standardberichtes, Datenerweiterung im DWH, etc.)
  - Definition von Rollen und Zuständigkeiten im Rahmen der BI (BI-Management, Applikationsmanagement, Datenmanagement, Betrieb, Support & Schulung)
  - Etablierung von Gremien zur Entscheidungsfindung bei übergreifenden Fragestellungen.

BI-Strategieformulierung

Auf Basis der Einsichten aus der BI-Zielbildung, der BI-strategischen Analyse und dem Orientierungsrahmen der Geschäfts- und IT-Strategie folgt die eigentliche *BI-Strategieformulierung*. Hierbei gilt es zunächst, strategische Maßnahmen für eine langfristige Zielerreichung abzuleiten. Die konkrete Ausgestaltung der Ziele ist stark unternehmens- und kontextabhängig. Wesentlich ist allerdings eine anzustrebende Zielkonformität zu den übergeordneten Unternehmensabsichten [Gluchowski08a]. Exemplarische BI-Ziele sind u.a. (vgl. [Gluchowski08a, Vierkorn08a]):

- Ausweitung der Standardisierung von BI
- Schaffen einer hohen Nutzerakzeptanz bei effizientem Betrieb und reduzierten Betriebskosten
- Verbesserung der Qualität und Geschwindigkeit von BI-Prozessen

- Erhöhung der Innovativität von BI
- Automatisierung von Entscheidungen
- Etablierung einer geeigneten Organisationsform und abgestimmter Prozesse für die BI
- Verkürzung des Integrationszeit neuer Geschäftseinheiten
- Verbesserung der Transparenz für Kosten und Leistungen
- Kostensenkung pro BI-System bzw. der BI insgesamt
- Zeitnahe Informationsbereitstellung bei gleichzeitiger Freiheit für die Fachanwender in der Informationsaufbereitung und -versorgung
- Aufbau eines koordinierten und einheitlichen Datenmanagements für BI-Applikationen.

Die Maßnahmenplanung zur Realisierung der Ziele erfolgt dabei zweckmäßigerweise in Form von abgrenzbaren Aktivitätsbündeln unter Berücksichtigung wirtschaftlicher und unternehmenspolitischer Rahmenbedingungen [Gluchowski08a]. Die Kausalbeziehung und die Erreichung der Ziele kann im späteren Vorgehen beispielsweise mit Hilfe der IT-Card und ihres Kennzahlenmonitoring verfolgt werden.

Strategieimplementierung

In der Phase der *Strategieimplementierung* findet abschließend die Umsetzung der beschlossenen Maßnahmen statt. Gegebenenfalls kann mittels Priorisierungsanalysen ein Projektportfolio erstellt werden, aus dem die Abhängigkeiten und der erwartete Nutzen der einzelnen

Aktivitäten hervorgehen [Totok06]. Eine auf dieser Basis entstandene Roadmap weist die durchzuführenden Tätigkeiten mitsamt ihrer zeitlichen Zuordnung für die Implementierung auf [Gluchowski08a] und definiert „Prioritäten, Technologien, Standards, Methodologien und Kompetenz" [Vierkorn08a] für die Strategierealisierung.

Strategische Kontrolle

Die Überwachung der Strategieentwicklung erfolgt über eine permanente *strategische Kontrolle*, die über alle Prozessphasen die einzelnen Handlungen und Maßnahmen überwacht, Plandivergenzen zu den Unternehmensvorgaben erkennt und eine fokussierte Zielorientierung vorantreibt.

4.3.2 BI-Governance

Die *BI-Governance* realisiert einen ganzheitlichen Kontroll- und Steuerungsprozess der BI-Aktivitäten und stellt zugleich die Ausrichtung der BI an die Unternehmens- und IT-Strategie sicher.

In Abb. 4.2 wurden die Kernbestandteile einer BI-Governance aufgezeigt, die im Wesentlichen aus dem Priorisierungsmanagement, der Verteilung der Rollen und Verantwortlichkeiten sowie der Implementierung von Richtlinien und Prozessabläufen besteht. Die Entwicklung einer BI-Governance erfordert die Abdeckung dieser drei BI-Governance-Dimensionen. Zu ihrer Erstellung schlagen Larson et al. einen vierphasigen Entwicklungsansatz vor, der die Komponenten

- BI-Governance Team,
- BI-Lifecycle-Framework,
- Anwendersupport und
- BI-Prozessmonitoring

umfasst [Larson09].

BI-Governance Team

Ein *BI-Governance Team* besteht aus Spezialisten der IT und der Fachbereiche [Gutierrez06]. Generell empfiehlt es sich, Verantwortliche aus allen von der BI betroffenen Unternehmensbereichen zu involvieren, um eine Gesamtbetrachtung des Unternehmens zu reflektieren [Larson09]. Ein bestehendes BICC kann in diesem Kontext eine Moderatorrolle zwischen den Beteiligten einnehmen und eine Kommunikationsbrücke zwischen der IT und den Fachbereichen aufbauen [Gluchowski08a].

Aufgabe dieses BI-Teams sind die unternehmensweite Priorisierung von Aktivitäten, die Identifizierung von BI-bezogenen Einflüssen und Trends, die Finanzierungssicherung und das Einnehmen einer Beraterfunktion für neue Vorhaben [Larson09]. Weiterhin stellt dieses Gremium die permanente Ausrichtung der BI an den Unternehmenszielen sicher und schafft somit die Grundlage für ihren Wertbeitrag [Larson09]. Wichtig ist es, eine klare Rollenverteilung vorzunehmen und Verantwortungsbereiche unter den Beteiligten zu definieren. So besitzen die Fachbereiche beispielsweise die notwendigen Kenntnisse der Geschäftsprozesse und sind daher für die Auswahl und Wertdarlegung nutzbringender Projekte und für die Aufrechterhaltung der Datenqualität zuständig [Gutierrez06].

Die IT übernimmt dagegen die Leitung der zu implementierenden Maßnahmen. Zu ihrem Aufgabenbereich gehört u.a. das Aufrechterhalten der gemeinschaftlichen Interaktionen, die Modellierung der Datenstruktur entsprechend den Anforderungen des Geschäfts, die unternehmensweite Integration der Daten und die Homogenisierung der BI-Landschaft samt deren Support [Gutierrez06]. Die Einbindung des Finanzvorstands [Gutierrez06] und des CIOs ermöglicht eine Realisierungs- und Priorisierungsabwägung hinsichtlich des Budgets und der technischen Gegebenheiten.

BI-Lifecycle

Der nächste Betrachtungsabschnitt der BI-Governance ist der *BI-Lifecycle*. Die einzelnen Elemente dieses typischen BI-Kreislaufes müssen von einer weitgreifenden Governance begleitet und gefördert werden. Das Rahmenwerk hierfür besteht im Wesentlichen aus den folgenden Phasen (vgl. Abb. 4.9):

- **Tool-Auswahl:**
  Die Tool-Auswahl betrifft die Entscheidung und Einführung geeigneter Instrumente zur Integration, Aufbereitung und Wiedergabe der Daten. Faktoren, die bei der Auswahl eine gewichtige Rolle spielen, sind u. a. die Anzahl der Anwender, die bedient werden müssen, die Art des Bedarfes (z. B. Ad-hoc Analysen, Daten-Review, etc.) und die Präsentation der Information [Larson09]. Ein wichtiger Aspekt hierbei ist das User-Interface, welches über Akzeptanz

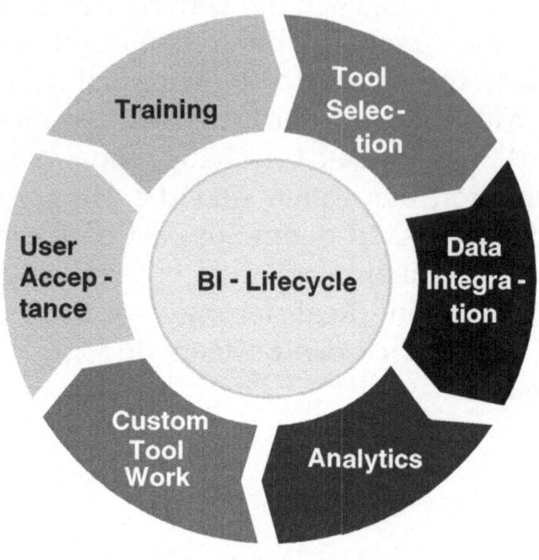

Abb. 4.9: BI-Lifecycle
In Anlehnung an: Quellen: [Larson09]

und Ablehnung seitens der Anwender entscheidet [Larson09].

- **Datenintegration**

Die Datenintegration beschäftigt sich mit der Identifizierung, Zusammenführung und Integration der Daten [Larson09]. Vorherrschende Fragestellungen dieser Phase zielen auf den Zustand und die Gegebenheiten der Daten ab, d. h. vor allem auf die Qualität, die (zeitbezogene) Verfügbarkeit und die Vollständigkeit der Daten [Larson09]. Das zentrale Element des Daten-Repository ist ein Data-Warehouse, in dem die Daten aus den verschiedenen

(internen und externen) Quellen zusammengeführt
und für die weitere Anwendung aufbereitet werden
(vgl. Abb. 4.1).

- **Analyseverfahren und –metriken**

  Mit Hilfe von Analyseverfahren und -metriken werden aus den zusammengelagerten Daten nutzbringende Informationen ermittelt. Durch so genannte
  Mining-Methoden können „in sehr umfangreichen
  Daten- und Informationsmengen [...] Muster [...]"
  erkannt werden, „aus denen Fachleute einer Domäne
  Erkenntnisse ableiten können" [Mertens02]. Hier gilt
  es die passenden Metriken einzusetzen, um die von
  den Fachbereichen und dem Management benötigten
  Informationen, in homogener Form und nach Zusam-
  menhängen klassifiziert [Zimmermann07], darbieten
  zu können.

- **Tool-Customizing**

  Im Rahmen der Tool-Custumisierung findet die bedarfsgerechte Anpassung der Werkzeuge und In-
  terfaces für die Endanwender statt [Larson09]. Die
  Governance muss sicherstellen, dass den Nutzern
  ein einfacher und effektiver Zugriff auf die Informationen ermöglicht wird und diese zugleich den
  Anforderungen der User entsprechend von den Anwendungen präsentiert werden.

- **Anwenderakzeptanz**

  Die Anwenderakzeptanz ist der Schlüssel zum Erfolg aller BI-Maßnahmen. Werden die bereitgestellten

Lösungen und Abläufe von den Nutzern nicht angenommen, so führt dies zwangsläufig zum Scheitern der Initiative. Durch die frühzeitige Einbeziehung der Anwender in den einzelnen Projektabschnitten kann darauf hingearbeitet werden, eine Erhöhung der Akzeptanz zu erreichen [Larson09]. Ein weiterer, wichtiger Schritt hierzu ist auch die Aufrechterhaltung einer regelmäßigen Kommunikation miteinander und die Berücksichtigung von Anwendervorstellungen und -wünschen.

- **Schulungen**

  Schulungen der Anwender stellen sicher, dass die User sich mit den bereitgestellten Anwendungen vertraut machen und sie effektiv zur ihrem Nutzen einsetzen können. So sind auch Schulungen eine wichtige Maßnahme, um die Akzeptanz hinsichtlich neuer Produkte zu steigern.

Anwendersupport

Anknüpfend an die vorangegangenen Schritte des BI-Lifecycles sind in der BI-Governance generelle Handlungsschritte für den *Anwendersupport* einzurichten. Diese zielen darauf, unter stetiger Ausrichtung an den Unternehmenszielen aus funktionaler, technischer und datenbezogener Sicht Hilfestellung und Weiterbildungsmaßnahmen zu leisten [Larson09]. Wie in Abb. 4.10 dargestellt, sollte der Support sich insbesondere auf die Bereiche Daten-Support (z. B. Datennutzung, -auswertung), Tool-Support (z. B. Funktionalitäten der Werkzeuge) und Business Expertise (z. B. fachliche Beratung) beziehen [Larson09].

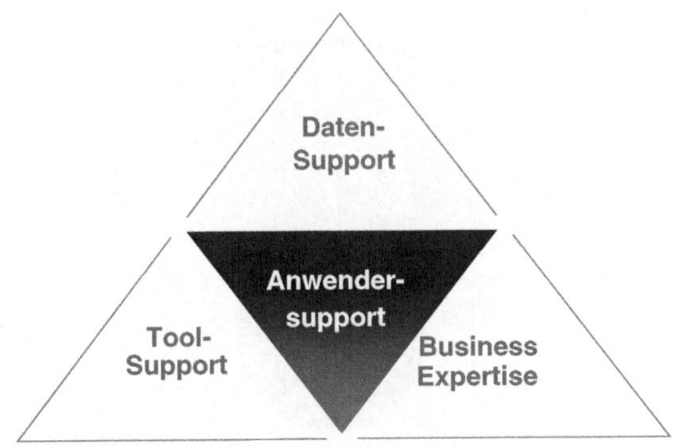

Abb. 4.10: Anwendersupport
In Anlehnung an: Quellen: [Larson09]

BI-Prozessmonitoring

Zuletzt muss ein BI-Governance-Programm Methoden zur Überwachung der Abläufe und der Situation bereitstellen. Das *BI-Prozessmonitoring* misst den Erfolg der Aktivitäten, ordnet sie dem Business Value zu und veranlasst die Bestimmung des aktuellen Reifegrades [Larson09]. Ähnlich dem IT-Perfomance-Measurement (vgl. Kap. 3.2.5) kann beispielsweise mit Hilfe von KPI-Aufstellungen und Werttreiber analysen eine Ziel-Ist-Betrachtung stattfinden, aus der neue Anforderungen hervorgehen oder wertvernichtende Elemente identifiziert werden.

Langfristiges Ziel des BI-Governance-Prozesses muss es sein, eine homogene Infrastruktur, unternehmensweit definierte Abläufe und Kontroll- und Steuerungsmechanismen zu errichten, die in Anlehnung an die BI-Strategie die Unternehmensziele fokussieren. Abbildung 4.11 zeigt

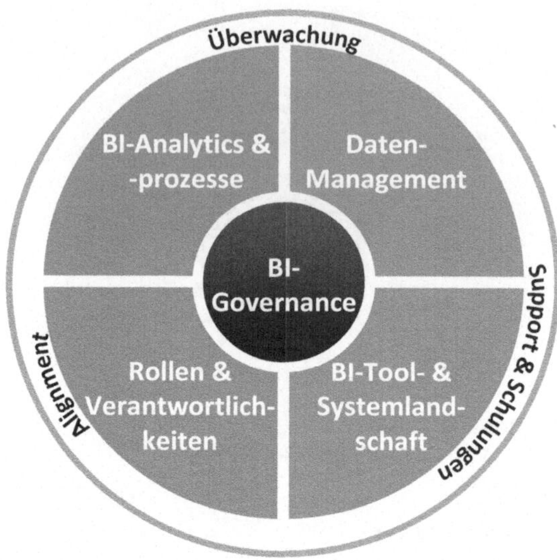

Abb. 4.11: Ordnungsrahmen der BI-Governance

zusammenfassend einen Orientierungsrahmen für die BI-Governance, welcher aus den Domänen BI-Analytics, Datenmanagement, Tool- und Systemlandschaft sowie Rollen und Verantwortlichkeiten besteht, und von Schulungs-, Überwachungs- und Alignment-Prozessen begleitet wird.

4.3.3 BI-Competence Center

Ein BICC kann als „zentrale Anlaufstelle für alle BI-Aktivitäten im Unternehmen" [Bange08] ein entscheidender Erfolgsfaktor für die BI-Strategie und die BI-Governance sein. Durch ein fundiertes und ganzheitliches Know-how verfügt ein solches Kompetenzzentrum „über eine hohe Kreativität bei der Schaffung nutzenbringender BI-Lösungen" [Totok06] und treibt neue Entwicklungen voran. Ein BICC besitzt in der Regel Kenntnis darüber, welche Anforderungen und Hürden zukünftig angegangen und somit in der BI-Strategie reflektiert werden müssen. Gemäß Gartner übernimmt das BICC, neben seiner Einbindung in die BI-Strategiefindung, auch sämtliche Tätigkeitsbereiche der BI-Governance, worunter u. a. strategische Planungen und Priorisierungen, die Definition und Implementierung von Anforderungen sowie die Unterstützung des Unternehmens in Bezug auf die Interpretation und Nutzung der Informationserkenntnisse bei der Entscheidungsfindung fallen [Burton06].

In Anbetracht der Schaffung eines Alignments für die BI mit dem Business beruht der Erfolg eines BICCs auf deren anforderungsgerechten und an die Unternehmensziele angepassten Planung und Implementierung. Abbildung 4.12 zeigt in Anlehnung zum Vorgehensmodell von SAS die vier Phasen dieser Entwicklung.

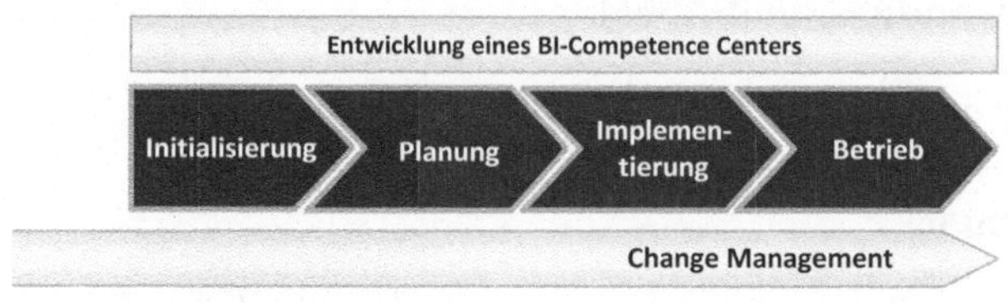

Abb. 4.12: Entwicklungsphasen eines BI-Competence Centers

Initialisierung

Die *Initialisierungsphase* bei der Entwicklung einer BI-Einheit schafft Gewissheit über die Mission, Vision und die Strategien des BICCs [Cognos06]. In erster Linie muss dabei geklärt werden, was mit einem BICC bezweckt wird [SAS06], welche Rolle es im Unternehmen spielt [Cognos06], welche Interessengruppen an dieser Instanz beteiligt sind [Cognos06], welche generellen Anforderungen an eine BI-Einheit gestellt werden [Zeid06] und letztendlich, wer das Sponsoring dieser Organisationseinheit übernimmt [SAS06, Zeid06]. Letzteres sollte im Idealfall eine hohe Führungskraft mit weit reichenden Entscheidungsbefugnissen sein [Miller06, SAS06, Bange08], die vor allem die Notwendigkeit für ein solches Engagement erkennt und sie fördert [Zeid06].

Im Zuge des Initialisierungsprozesses sollte dabei zum einen ein klarer Überblick über die gegenwärtige BI-Landschaft im Unternehmen geschaffen werden [Cognos06], zum anderen ist die Aufstellung erster Kosten-Nutzen-Analysen für die weiteren Planungen förderlich [SAS06]. Die Strategie des BICCs wird aus der aktuellen BI-Situation und der Vision des Unternehmens abgeleitet. Durch sie wird definiert, wie Informationen künftig gemanagt werden sollen und welche Maßnahmen dazu notwendig sind [SAS06].

Planung

In der *Planungsphase* wird aufbauend auf den Ergebnissen der Initialisierung eine BI-Roadmap erstellt, die den organisatorischen Aufbau und die Einbindung des BIC-Cs festhält [SAS06]. In einer solchen Roadmap müssen die funktionalen Verantwortungsbereiche, die konkreten Aufgabenfelder und die spezifischen Rollen definiert sein [SAS06]. Weiterhin sollten die notwendigen Technologien, Standards und Richtlinien beschrieben werden [Cognos06].

Die Konstellation des Teams spielt ebenfalls eine entscheidende Rolle für den Erfolg der BI-Einheit und seines Vermögens, die Unternehmensabläufe effektiv zu unterstützen. Um die an die BI gestellten Aufgaben bewältigen und die Moderatorfunktion zwischen Unternehmen und IT meistern zu können, muss das BI-Team sowohl geschäftliche, informationstechnische wie auch analytische Fähigkeiten vorweisen können (vgl. [Burton06], Abb. 4.13):

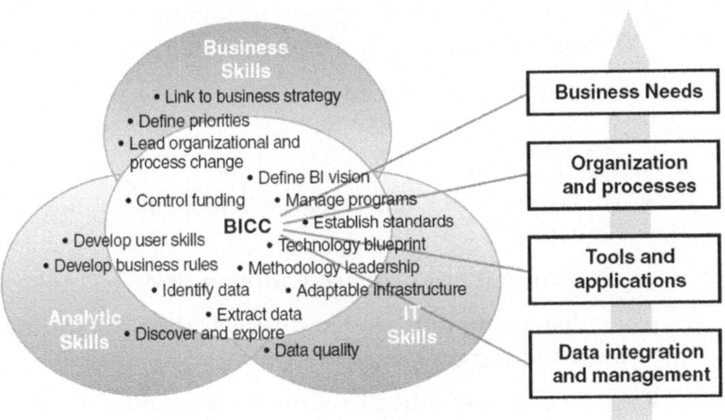

Abb. 4.13: Fähigkeiten eines BI-Kompetenzteams
Quelle: [Miller06]

- **Business-Fähigkeiten:**
  - Verständnis der Geschäftsprozesse und Anforderungen der verschiedenen Unternehmensbereiche
  - Fähigkeit, die BI an den strategischen Unternehmenszielen auszurichten
  - Durchführung von Priorisierungen und Plananalysen
  - Verständnis für den Wertbeitrag, der durch das Informationsmanagement erreicht werden kann

- **Analytische Fähigkeiten:**
  - Vertrautheit mit analytischen Applikationen und Werkzeugen
  - Anwendung von Datenmanagement, Data Mining-Verfahren und Informationsauswertung
  - Training und Schulung zur Ausschöpfung des Informationspotenzials der Anwender
  - Streben nach neuen Analysemethodiken

- **IT-Fähigkeiten**
  - Verständnis der technologischen Struktur der BI-Landschaft
  - Vertrautheit mit BI-Applikationen und -Techniken
  - Realisierung der Datenadministration, - zusammenstellung und -aufbereitung
  - Umsetzung von Implementierungsmaßnahmen

In diesem Zusammenhang gilt es, diverse Rollen für die Mitarbeiter zu definieren. Neben möglichen Rollen wie z. B. BI-Architekt, Front-End-Entwickler, ETL-Entwickler und Trainer, hält Gluchowski insbesondere die folgenden Rollen für unverzichtbar bei der Erstellung eines BI-Competence Centers (vgl. [Gluchowski08a]):

- **BI-Programm Manager**

  Der BI-Programm Manager verantwortet als leitender Mitarbeiter den Gesamterfolg des BICCs und legt zentrale Standards und Vorgaben fest. Zudem fungiert er als Vermittlungsinstanz zwischen IT- und Business-Leitung.

- **Business Analyst/Architect**

  Der Business Analyst/Architect ist für die Geschäftsprozesse und Informationsbedürfnisse der Geschäftsseite zuständig.

- **Data Steward**

  Der Data Steward kümmert sich um die unternehmensweite Harmonisierung der Datenbestände und der Forcierung der Datenqualität, einschließlich der damit verknüpften Maßnahmen bzw. Projekte.

- **Technischer Berater**

  Zu den Aufgaben des Technischen Beraters gehören die Konzipierung, Überwachung und ggf. die Umsetzung der technischen Frameworks.

Die Planungsphase wird durch ein Business Case abgerundet. Er weist die abzuschätzenden Kosten und Nutzen des BICCs unter Berücksichtigung der relevanten Faktoren aus [SAS06].

Implementierung

In der *Implementierungsphase* findet, entsprechend der vorhergegangenen Planungen, die tatsächliche Einbindung der BI-Organisation in das Unternehmen statt. Hierzu wird das BI-Team berufen, geschult und in seine Tätigkeitsbereiche eingeführt [SAS06]. Des Weiteren werden die Kooperations- und Kommunikationswege mit den Fachabteilungen und externen Partnern festgesetzt [SAS06]. Die Einführung und die neuen Aufgabenfelder der neuen Organisationseinheit sollten allen Unternehmensbeteiligten bekannt gemacht werden. Aufgabe erster Initiativen des BICC ist es, Vertrauen zu den Stakeholdern aufzubauen und deren Beteiligung an der BI zu fördern [Zeid06]. Der Aufbau eines Change Managements schafft indessen die nötige Grundlage für die erfolgreiche Bewältigung der anfallenden Änderungsprozesse [Zeid06, SAS06].

Ein weiterer entscheidender Schritt beim Aufbau einer BI-Einheit ist die parallele Einführung von bewertenden Performance-Metriken und KPIs [Zeid06, SAS06]. Diese erlauben die wertschöpfende Beitragsermessung des BICCs.

Betrieb

Die *Betriebsphase* kennzeichnet die Inbetriebnahme der BI-Einheit. Bereits mit dem initialen Projekt des BICCs muss dessen geschäftlicher Beitrag ermessen [SAS06] und öffentlich im Unternehmen kommuniziert werden [Cognos06]. Zu Beginn der Indienststellung gilt es, durch

Erfolgsgeschichten die Notwendigkeit des BICCs zu verdeutlichen und ihn im Gedankengut der Belegschaft als integralen Bestandteil des Unternehmens festzusetzen [Cognos06, SAS06].

Der Betrieb einer BI-Organisationseinheit erfordert kontinuierliche Fortbildungs- und Reifemaßnahmen. Neben dem Monitoring der Einheit und seiner Prozesse müssen regelmäßig neu gewonnene Erfahrungen, Best-Practice-Lösungen und innovative Technologien in die weitere Entwicklung eingearbeitet werden [Zeid06]. Eine stetige Ausrichtung an den durch die Unternehmensziele gegebenen Rahmenbedingungen sichert bzw. fördert das Alignment der BI mit dem Unternehmen. Auf diesem Wege gelingt es, die BI als wichtige und effektive Unternehmenskomponente zu etablieren und sie an der Steigerung des Unternehmenserfolgs zu beteiligen.

5 Fallstudien

5.1 Strategic Alignment bei Marriott International, Inc.

Firmenportrait

Marriott International, Inc. gehört weltweit zu den führenden Hotelketten. Das Unternehmen ist mit mehr als 3.200 Hotels in 67 Ländern vertreten [Marriott09] und beschäftigt einen Stab von 146.000 Mitarbeitern [Bouvier09]. Zu der Unternehmensgruppe gehören u.a. die Luxusketten Ritz-Carlton, Bulgari Hotels & Resorts, ebenso wie die Full Service Hotels Marriott und Renaissance Hotels & Resorts oder die Mittelklasse Hotels Courtyard und Fairfield Inn [Greengard08]. Seit dem Jahr 1999 ist das Unternehmen unter den „Fortune 200 Companies" gelistet und konnte im Jahr 2008 einen Umsatz in Höhe von 13,3 Milliarden US-Dollar und einem Nettogewinn von 696 Millionen US-Dollar erzielen (vgl. [Fortune09]).

Ausprägungen des Strategic Alignments

Marriott International legt einen großen Wert auf ein ausgeprägtes Business-IT Alignment in seiner Organisation. Das Unternehmen ist der Überzeugung, durch die Ausrichtung ihrer Geschäfts- und IT-Strategie den

I. Bashiri et al., *Strategic Alignment*, Informatik im Fokus,
DOI 10.1007/978-3-642-11438-0_5, © Springer-Verlag Berlin Heidelberg 2010

Kundenlebenszyklus in jeder einzelnen Phase – von der Reiseplanung auf der Unternehmenshomepage bis hin zur High-Speed-Internetnutzung im Hotelzimmer – optimieren zu können und damit einen nachhaltigen Erfolg voranzutreiben. In diesem Zusammenhang werden die unternehmensinternen Information Resources (IR) als fester Bestandteil des Geschäfts verstanden, bei der keine klare Abgrenzung zum Business mehr vorhanden ist und beide Bereiche nahtlose ineinander übergehen [Greengard08, Radcliff00]. Die IT, welche u.a. für die Geschäftsapplikationen, den Netzwerkstrukturen oder das Internet verantwortlich ist, wird somit ebenso wie ein strategisches Element des Geschäfts betrachtet, wie z.B. klassische Funktionsbereiche wie das Marketing [Radcliff00]. Dieser Aspekt spiegelt sich auch bei den regelmäßigen Strategiebesprechungen des Unternehmens wieder, bei denen die leitenden IT-Verantwortlichen als gleichberechtigte Unternehmenspartner beteiligt sind.

CIO Carl Wilson beschreibt diesen Wandel, der Marriott von seinen Konkurrenten unterscheidet, folgendermaßen:

> "Marriott's use of technology to deliver distinctive experiences for our guests, owners, franchisees and associates stems directly from our philosophy about technology's role within our business [...]. At Marriott, we do not have technology projects. We have business initiatives that are shaped and enabled by technology" [Greengard08].

William Shaw, der vormalige Präsident und Chief Operating Officer (COO) und jetzige Vice Chairman von Marriott International, erkannte mit seinem Amtantritt 1997 die Notwendigkeit dafür, die Geschäftsabläufe stärker mit der IT in Einklang zu bringen [Radcliff00]. Als erste Maßnahmen stellte er einerseits einen neuen Senior Vice Präsidenten für das Information Resources Planning ein, andererseits verlagerte er die Position des CIOs hoch auf die Vorstandsebene [Radcliff00]. Weiterhin hat Marriott Maßnahmen in Angriff genommen, um die den Dialog zwischen dem Geschäft und der IT zu steigern [Radcliff00]. Dabei war es beispielsweise notwendig, die Auswirkungen der IT-Projekte auf einer verstärkt betriebswirtschaftlichen Ebene zu betrachten [Radcliff00]. CIO Wilson beschreibt dieses Vorgehen an einem Beispiel:

> „When we talk about investing money in IT capabilities, we normally express it in terms of what it will do for revenue per room" [Greengard08].

Um ein gegenseitiges Verständnis aufzubauen, werden die Mitarbeiter bei Marriott dazu ermuntert, zwischen den Fach- und IT-Abteilungen zu wechseln. Damit wird eine stärkere Annäherung zwischen beiden Seiten bezweckt, die sich letztlich positiv auf die Entscheidungsfindung auswirken soll [Shaw05]. Für die Information Resources (IR) Einheit ist zudem die regelmäßige Teilnahme an Fachbereich-Meetings vorgesehen. Zusätzlich sind die Mitarbeitenden mit der Analyse der Unternehmensstrategie vertraut gemacht worden, um technologiebasierte Ideen und Innovationen zu deren Unterstützung abzuleiten [Greengard08]. Abbildung 5.1 zeigt den organisatorischen Aufbau der IR-Einheit, der verschiedene Funktionsbereiche umfasst und unter der Leitung des CIOs steht.

Mit der Aufstellung von Roadmaps werden bei Marriott die Geschäftsbedürfnisse und Verbesserungsschritte in einem zeitlichen Orientierungsrahmen zusammengetragen. Ein Team aus Geschäfts- und IT-Managern unterzieht hierzu die vorhandenen Unternehmensprozesse einem

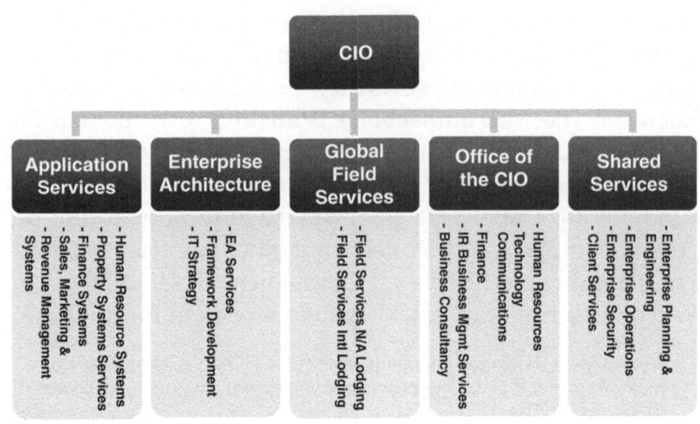

Abb. 5.1: Information Resources Organization bei Marriott
Quelle: [Bouvier09]

Benchmark, um ineffiziente Abläufe ausfindig zu machen [Radcliff00]. In diesem Rahmen wird ein strategisches Vorgehen sowie ein Bebauungsplan für die Architektur einschließlich der dafür erforderlichen Ressourcenanforderungen erstellt [Radcliff00].

IT-Governance und IT-Performance Measurement

Zur Aufrechterhaltung und Stärkung des Alignments setzt Marriott zweckbezogene Governance-Praktiken ein. Eine Enterprise Architecture (EA) Organisation kümmert sich um die unternehmensweite IT-Entwicklung. Hierunter fallen u.a. Entscheidungen zu IT-Prinzipien, -Standards, -Prozessen oder generell der Unternehmens-IT-Governance [Greengard08].

In der Governance ist ebenfalls festgelegt, dass die Projektverantwortlichkeiten gemeinsam von der IT und den Fachabteilungen getragen werden. Jedes Projekt untersteht dabei einem Ausschuss, der sich aus einem Geschäfts- und einem IT-Manager zusammensetzt [Radcliff00]. Des Weiteren wurde ein fundiertes Performance Measurement etabliert, in dessen Kontext Marriott sowohl quantitative wie auch qualitative Messungen seiner Leistungen durchführt, um den tatsächlichen Business Value der IT zu ermitteln [Greengard08]. Mit der Einführung eines automatisierten Systems ist es dem Unternehmen sogar möglich, die Projekte und Abläufe über ihren gesamten Lebenszyklus zu bewerten. [Radcliff00]

Dadurch wird nicht nur die erfolgsrelevante Leistungserbringung seitens der IT dargelegt und der konkrete Business Value der Projekte gemessen [Radcliff00], es wird zudem eine Grundlage geschaffen, auf der das Business und die IT einen gemeinsamen Dialog aufbauen können und die Auswirkungen ihrer Bemühungen ersichtlich werden.

Den Abschluss des Alignment-Programms bildet die kontinuierliche Prozessverbesserung, bei der die IT-Abläufe regelmäßigen Benchmarks mit anderen Marktgrößen innerhalb und außerhalb der Branche Marriotts unterzogen werden [Greengard08].

agilITy-Programm

Für die aktuelle strategische Business-IT Leitrichtung hat Mariott ein unternehmenseigenes Programm mit der Bezeichnung „agilITy" ins Leben gerufen. Mit dieser Initiative definiert das Unternehmen „how we

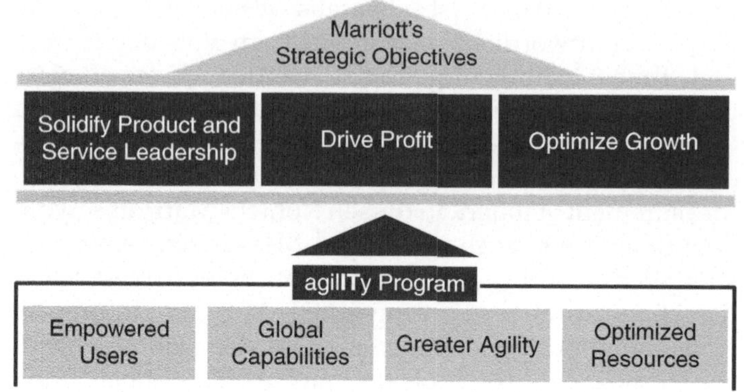

Abb. 5.2: agilITy Programm
In Anlehnung an: Quellen: [Bouvier09]

implement technology to increase our ability to deliver information and technology" zur Unterstützung der primär-strategischen Unternehmensziele "Solidify Product and Service Leadership, Drive Profit and Optimize Growth" [Bouvier09]. Wie in Abb. 5.2 dargestellt, konzentriert sich das Programm auf vier Kernprinzipien, um die Zielerreichung des Unternehmens zu verwirklichen:

- **Empowered Users**

  Support guests, associates, owners and franchisees through technologies that provide secure connectivity through multiple devices

- **Global Capabilities**

  Achieve Marriott's vision and business priorities for accelerated global growth

- **Greater Agility**

  Increase speed to market and enhance return on technology investment

- **Optimized Resources**

  Find breakthrough ways to deploy financial, human and technology resources in an environmentally responsible manner

Bestandteil des „agilITy"-Programms sind u.a. auch IT-interne „Strategic Alignment Review" (StAR) Standards. Diese zielen darauf ab, die Effektivität der IT-basierten Lösungen zu verbessern [pdf 1]. Dabei werden Projekte beispielsweise auf ihre Abdeckung von grundlegenden IT-Standards oder best-practice-Ansätzen analysiert. Dadurch sollen

1. mehr Flexibilität durch verbesserte technische System- und Prozesskonsistenzen,

2. geringere Kosten durch Standardisierungen und

3. Qualitätssteigerungen durch erprobte Best-Practice Lösungen geschaffen werden [Greengard08].

Senior Vice President Laura Bouvier erklärt das Prinzip des Strategic Alignment Reviews:

„The StAR Standards comprise a core subset of the Technology Standards.

These standards define the agreed upon technology products and processes we will follow to implement and support the technology we provide" [Bouvier09].

Unternehmensentwicklung

Die Realisierung einer auf Innovation und IT-Exzellenz begründeten Kultur war für Marriott nicht ganz unkompliziert [Greengard08] und erforderte neben der Förderung durch die Unternehmensleitung auch Zeit, Ressourcen und einen grundlegenden Strukturwandel im Unternehmen. Die IT-Ausgaben sind mit Beginn der Alignment-Aktivitäten 1996 von fünf auf fünfzehn Prozent jährlich gestiegen. Ebenso hat sich die Zahl des IT-Personals um ein Drittel erhöht [Radcliff00].

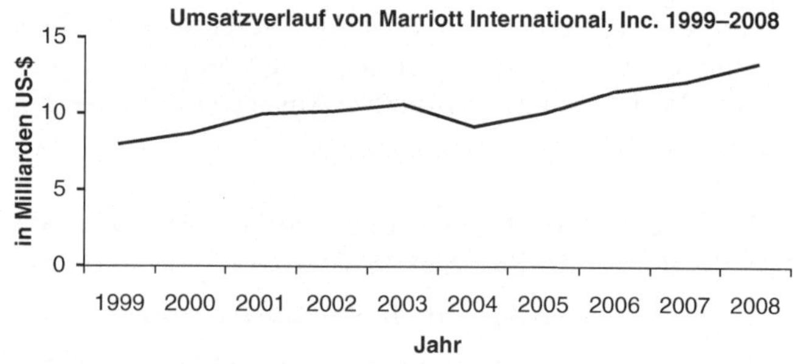

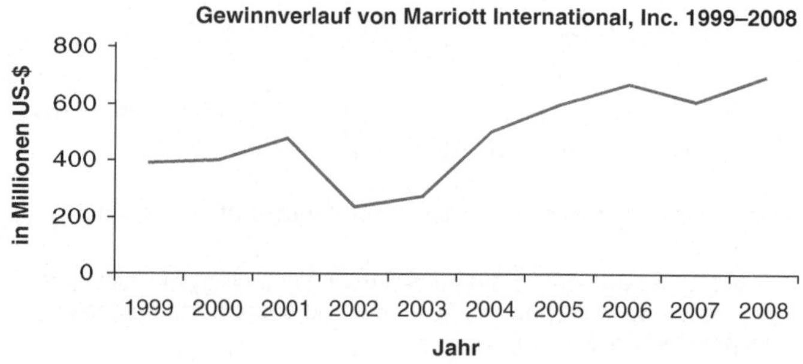

Abb. 5.3: Unternehmensentwicklung von Marriott (1999–2008)

Doch die Unternehmensentwicklung hat den Initiatoren recht gegeben: seit 1999 hat sich der Umsatz bis zum Jahre 2008 um ca. 70% und der Gewinn um ca. 80% gesteigert (vgl. Abb. 5.3, [Fortune09]).

5.2 Strategic Alignment bei Capital One

Firmenportrait

Capital One ist eine US-amerikanische Bank mit Hauptsitz in McLean (USA) und zählt zu den zehn größten nationalen Kreditkartenunternehmen. Das Unternehmen wurde 1988 mit der Vision gegründet, mit Hilfe von Informationen, Technologie und Testverfahren den Kunden höchst individuelle und breit gefächerte Angebote an finanziellen Produktlösungen und Serviceleistungen anbieten zu können [CapitalOne09]. Mit einem Jahresumsatz von 18.965 Millionen US-Dollar und einem Gewinn in Höhe von 1.570 Millionen US-Dollar im Jahre 2008 zählt das Unternehmen zu den „Fortune 200 Companies" [Fortune09].

Ausprägungen des Strategic Alignments

Bereits zu Beginn der Firmenentstehung bestand bei Capital One eine starke Fokussierung auf die Nutzung von IT und Informationen. Die von den Firmengründern entworfene „Information Based Strategy" sah es vor, wissenschaftliche Methoden unter Einbeziehung der IT zur Identifikation von Kundenverhalten anzuwenden. Neue Produktideen wurden daraufhin unter Einbeziehung der gewonnen Erkenntnisse auf ihre Erfolgswahrscheinlichkeit und ihr voraussichtliches

Erfolgsausmaß in systematischen Testverfahren simuliert [Ryan00].

Ein wesentliches Merkmal von Capital One ist seine frühzeitige und stark ausgeprägte Fokussierung auf das Alignment von Business und IT. Diese konsequente Anwendung wechselseitigen der Prozessausrichtung ermöglichte dem Unternehmen, in kürzester Zeit ein enormes Wachstum zu erreichen. Für die Schaffung des Alignments hat Capital One einige fundamentale Maßnahmen etabliert. So sind beispielsweise die IT und ihre Prozesse fester Bestandteil der Unternehmensstrategie. Der ehemalige CIO und Senior Vice President von Capital One, James Donehey, beschrieb das Business-IT Alignment in seinem Unternehmen folgendermaßen:

„Capital One Financial has an information-based strategy, where IT and business are one and the same. The business helps direct IT strategy and IT is at the core of the business strategy" [CIO97].

Capital One sieht die IT gleichzeitig als treibende und notwendige Kraft, um seine Geschäftsziele zu verwirklichen und nachhaltige Wettbewerbsvorteile zu schaffen. Das Unternehmen hat diesbezüglich vier Prinzipien definiert, die es für die Aufrechterhaltung des Alignment im gesamten Unternehmen ausübt (vgl. [Ryan00]):

- **Always align IT with business**

- **Be flexible**

- **Use good economic judgment**

- **Have empathy, put yourself in the shoes of anyone whose position you don't understand or agree with**

In den Geschäftsabläufen bei Capital One ist es dementsprechend üblich, dass die IT und die Fachbereiche gemeinschaftlich zusammenarbeiten, z.B. bei der Vermarktung neuer Produkt- oder Serviceangebote. Eine exemplarische Maßnahme zur Stärkung der Alignment-Werte in der Unternehmenskultur bestand beispielsweise darin, 10.000 Pokerchips in vier verschiedenen Farben in den Fachbereichen zu verteilen. Jede Farbe repräsentiert dabei eines der definierten Alignment-Prinzipien. Wann immer ein IT-Mitarbeiter im Sinne dieser Richtlinien handelt, wird ihm vom Fachpersonal ein Pokerchip in der entsprechenden Farbe übergeben. Am jedem Monats- und Quartalsende wird daraufhin der Mitarbeiter mit den meisten Chips ausgezeichnet [Ryan00]. Diese Maßnahme bewirkt zum einen Anreiz für die Mitarbeiter, um im Sinne des Alignments zu handeln, zum anderen werden die Prinzipien durch die ständige Präsenz des Themas im Gedankengut des Personals verankert.

Auch bei der Rekrutierung von neuem Personal wird ein großes Augenmerk hinsichtlich der Aufrechterhaltung und der Stärkung des Alignments gelegt. Jeder Bewerber muss nicht nur für seinen vorgesehenen Einsatzbereich geeignet sein, er muss darüber hinaus einigen grundlegenden Kriterien genügen, die für Capital One für die Aufrechterhaltung ihres Erfolges maßgeblich sind. Beispielsweise muss jeder angehende Mitarbeiter die Qualifikation mitbringen, bereichsübergreifend eingesetzt werden zu können, d.h. er muss in der Lage sein, sich in die Abläufe und Funktionen der anderen Bereiche hineinversetzen zu können und diese zu verstehen [Ryan00]. Im Hinblick auf die intensive Anwendung von hoch-innovativen Business Intelligence–Methodiken in den einzelnen Prozessebenen, z.B. im Rahmen von Data Mining oder dem Customer Relationship Management, wird jeder potentielle Kandidat ebenfalls auf seine quantitativen und analytischen Fähigkeiten hin untersucht [Davenport07, Ryan00]. Dazu müssen die Bewerber, selbst für Positionen auf dem Top-Management-Level, ihre mathematische Fähigkeiten und ihren generellen Umgang mit Zahlen, Diagrammen und Trendverläufen unter Beweis stellen [Davenport07].

Business Intelligence bei Capital One

Ein Großteil des Erfolgs von Capital One wird seinem progressiven Einsatz von Business Intelligence, insbesondere bezüglich der Sammlung und Auswertung von Daten sowie der Erstellung von Prognosen zugeschrieben. Mit Hilfe der BI wird beispielsweise die Bereitschaft der Kreditbegleichung von Kunden unter Berücksichtigung variabler wirtschaftlicher Umstände analytisch vorausgeschätzt [Davenport07]. Neben detaillierten Zielgruppenstudien und der Ermittlung der wichtigsten Kunden, können unrentable Projekte oder Klienten frühzeitig erkannt werden.

Das Unternehmen ist des Weiteren in der Lage, schnell neue Marktsegmente zu identifizieren und diese zügig zu erschließen [Davenport07]. Mit 23 Terabytes an Informationen besaß Capital One im Jahr 1999, bereits wenige Jahre nach seiner Gründung, die größte Oracel-Datenbank der Welt [Ryan00].

Testlebenszyklus

Getrieben von den Bedürfnissen, jederzeit den perfekten Kreditkartenkunden zu ermitteln und die unternehmerischen Fähigkeiten kontinuierlich auszubauen, hat Capital One einen ausgedehnten Testlebenszyklus für seine Prozesse aufgestellt. Hierbei werden im Durchschnitt jeden Tag ca. 300 Experimente durchlaufen. Über das Jahr gesehen werden Daten von über 60.000 Tests gesammelt und ausgewertet. Die Ausführung dieser Maßnahmen ermöglicht es Capital One, auf relativ kostengünstige Art und Weise die Erfolgsaussichten neuer geplanter Programme und Produkte vor ihrer tatsächlichen Vermarktung zu bewerten. Beispielsweise werden bei der Erstellung neuer Kredit-Angebote für die einzelnen Kundenklassen die Erkenntnisse aus den durchgeführten Experimenten miteinbezogen. Aus den Testresultaten können u.a. Vorschläge für sinnvolle und profitable Optionen für beinahe jede Prozessphase der Angebotserstellung entnommen werden. Der im Unternehmen verankerte Test-Kreislauf umfasst die Schritte Testen, Lernen, Handeln (vgl. Abb. 5.4) und ermöglicht es

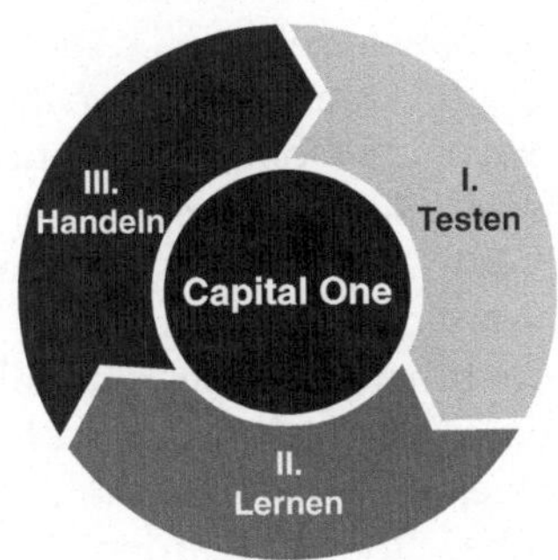

Abb. 5.4: Testkultur bei Capital One

Capital One, sich kontinuierlich weiterzuentwickeln und seine Prozesse, seine Landschaft und seine Produkte zu verbessern [Davenport07].

Unternehmensentwicklung

Tabelle 5.1 zeigt Capital One im direkten Vergleich zu seinen Mitkonkurrenten hinsichtlich des Net Charge-Offs (Abschreibungsrate auf Kredite) und des Return on Loans (Darlehensrendite).

Der Vergleich verdeutlicht, dass Capital One in den vergangenen Jahren konsistent weniger Net Charge-Off-Raten erzielte, und gleichzeitig höhere Darlehensrenditen erwirtschaftete als seine Konkurrenz. Beide Werte können als Indikatoren für die operative Effizienz von Capital One herangezogen werden [COF09] und veranschaulichen die Wettbewerbsvorteile des Unternehmen, die es durch die Identifikation von profitablen Kunden für sich einnimmt.

Capital One durchlief in den vergangenen Jahren einen enormen Wachstumswandel (vgl. Abb. 5.5). Während das Unternehmen im Jahre 2000 noch einen Umsatz von ca. 4 Milliarden US-Dollar und einen Gewinn von 363 Millionen US-Dollar erwirtschaften konnte, konnte es bis zum Jahre 2008 beide Kennzahlen um über 400% steigern. Ähnlich verhält es sich mit dem Vergleich des Unternehmensvermögens: während sich das Vermögen im Jahr 2000 noch auf ca. 13 Milliarden US-Dollar belief, hat es sich bis zum Jahr 2008 um mehr als 1100% auf über 150 Milliarden US-Dollar erhöht (vgl. [Fortune09]).

Tabelle 5.1: US-Kreditkartenmarkt (2004–2006)

Company	Net Charge-Offs				Return on Loans				Market Share
	2004(%)	2005(%)	2006(%)	Ø(%)	2004(%)	2005(%)	2006(%)	Ø(%)	2006(%)
Capital One	**5.1**	**5.0**	**3.4**	**4.5**	**3.0**	**3.4**	**3.7**	**3.4**	**6.2**
Bank of America	5.6	6.9	3.8	5.4	3.1	2.2	3.0	2.8	16.1
Citigroup	5.9	5.8	3.8	5.2	2.6	2.0	2.8	2.5	13.5
JPMorgan Chase	5.3	5.2	3.3	4.6	1.4	1.4	2.3	1.7	17.4
Discover	6.0	5.2	4.7	5.3	1.7	1.2	2.2	1.7	4.9

Quelle: [COF09].

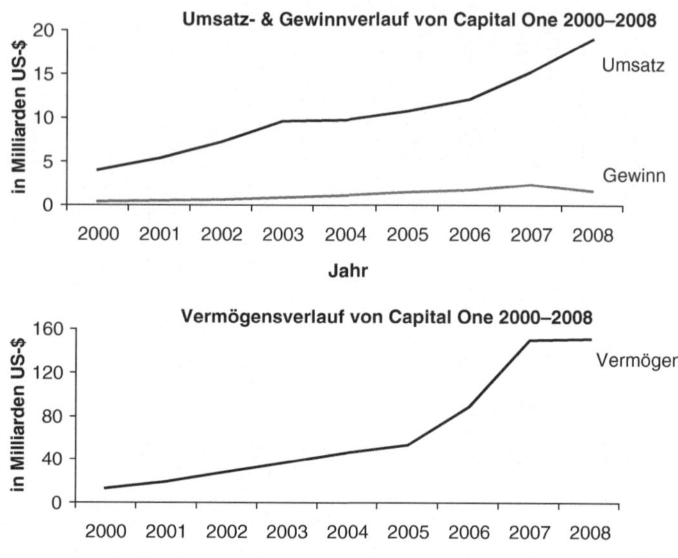

Abb. 5.5: Unternehmensentwicklung von Capital One (2000–2008)

Capital One ist ein Beispiel dafür, wie IT und BI in Einklang mit dem Business in den geschäftlichen Abläufen Anwendung finden können. Im Fall von Capital One sind beide Gestaltungsfelder fester Bestandteil der Unternehmensstrategie und unterstützen es bei der Erschließung innovativer Chancen und Möglichkeiten. Sie konnten bei Capital One nachhaltig dazu beitragen, die Leistungen des Unternehmens von denen der Konkurrenz zu differenzieren, wichtige Wettbewerbsvorteile zu sichern und den Unternehmenserfolg zu unterstützen.

5.3 Strategic BI-Alignment bei der Volkswagen AG

Firmenportrait

„Der Volkswagen Konzern mit Sitz in Wolfsburg ist einer der führenden Automobilhersteller weltweit und der größte Automobilproduzent Europas. Im Jahr 2008 steigerte der Konzern die Auslieferungen von Fahrzeugen an Kunden auf 6,257 Millionen [. . .], das entspricht einem Pkw-Weltmarktanteil von 10.3 Prozent.

In Westeuropa, dem größten Pkw-Markt der Welt, stammt mehr als ein Fünftel aller neuen Pkw (20,3 Prozent) aus dem Volkswagen Konzern. Der Umsatz des Konzerns erhöhte sich im Jahr 2008 auf 113,8 Milliarden Euro [. . .]. Das Ergebnis nach Steuern betrug im abgelaufenen Geschäftsjahr 4,69 Milliarden Euro [. . .].

Neun Marken aus sieben europäischen Ländern gehören zum Konzern: Volkswagen, Audi, Bentley, Bugatti, Lamborghini, Scania, SEAT, Skoda und Volkswagen Nutzfahrzeuge.

[. . .] In 15 Ländern Europas und in sechs Ländern Amerikas, Asiens und Afrikas betreibt der Konzern 61 Fertigungsstätten. Fast 370.000 Beschäftigte produzieren an jedem Arbeitstag rund um den Globus über 26.600 Fahrzeuge oder sind mit fahrzeugbezogenen Dienstleistungen befasst. Seine Fahrzeuge bietet der Volkswagen Konzern in mehr als 150 Ländern an" [VW09].

Business Intelligence bei der VW AG

Die VW AG startete im Jahr 2005 eine Initiative zur Verbesserung ihrer BI-Konzernsituation. Das Vorhaben basierte auf der Erkenntnis der strategischen Werthaltigkeit, die durch den verbesserten Umgang mit Informationen und der Optimierung der Entscheidungsprozesse herbeigeführt wird [Sommer08].

Unter dem Sponsoring des CIOs wurde das Projekt mit einer internen Bestandsaufnahme und der „Definition erster Ziele und Aufgaben für eine BI-Strategie" [Alexander08] angestoßen. Die Ist-Analyse der Marken Volkswagen und

Audi identifizierte dabei 125 [Sommer08a] verschiedene bereichs- und projektgetriebene Einzellösungen mit unterschiedlichen Produkten, Organisations- und Daten-Verwaltungsformen [Alexander08].

Der nächste Schritt der BI-Initiative bestand in der Schaffung einer organisatorischen BI-Kompetenzeinheit zur Koordinierung der fachlichen, organisatorischen und technischen Aktivitäten [Sommer08]. Das Team bündelt zum einen das BI-Know-how [Sommer08], zum anderen leistet es Orientierungshilfe bei der Konsolidierung, Ordnung und den Aufgabenbereichen der BI-Landschaft [Alexander08].

BI-Strategie

Vorangetrieben durch zahlreiche Anforderungen des Konzerns an das Informationsmanagement, wurde eine BI-Strategie zur nachhaltigen Steuerung aller operativen Maßnahmen und ihrer unternehmensweiten Umsetzung entwickelt [Sommer08]. Der Strategieentwicklungsprozess erfolgte konsequent im Sinne des Strategic Alignment. Dabei integriert sich die BI-Strategie im Rahmen der VW-Zielhierarchie in die IT-Strategie, welche „sich wiederum aus der Konzernstrategie ableitet" [Sommer08]. Abb. 5.6 zeigt den Ausgestaltungsprozess der BI-Strategie, die sich auf der Basis von BI-Vision und -Mission an den Konzernzielen orientiert.

Die *BI-Vision* der VW AG „BI – der Weg zum Wissensvorsprung des Volkswagen-Konzerns. Einsichten schaffen, Informationen integrieren, Kompetenzen vernetzen" [Sommer08] bezieht sich auf die Vorstellung, die BI als

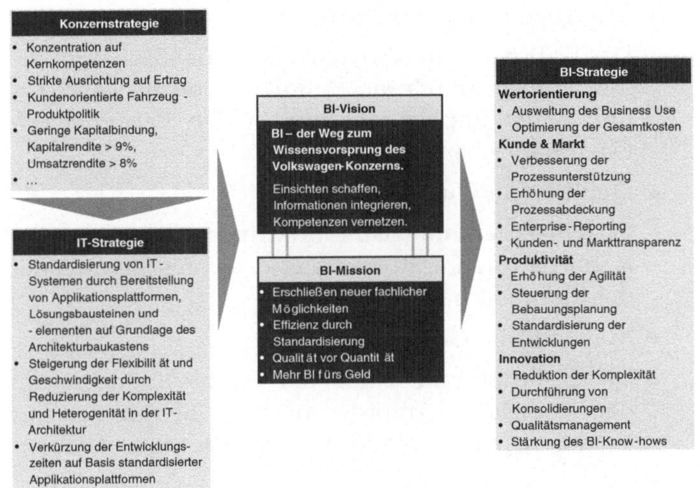

Abb. 5.6: BI-Strategie der VW AG

Mittel zur Schaffung von (Wissens-) Wettbewerbsvorteilen zu nutzen. Dieses Ziel soll durch ein weitgreifendes Informationsmanagement geschaffen werden, welches das Konzernwissen bündelt und auf dessen Basis „Entscheidungsgrundlagen für operative Prozesse entstehen" [Sommer08].

Die *BI-Mission* erstreckt sich auf vier Felder (vgl. [Sommer08]):

- **Erschließen neuer fachlicher Möglichkeiten**

  Das BI-Programm verstärkt den ITP&O (IT, Prozesse und Organisation)-Bereich als Innovator im Unternehmen

- **Effizienz durch Standardisierung**

  Das BI-Programm überführt die BI-Landschaft in die BI-Plattform durch die Definition von BI-Standards und deren Implementierung in den Bereichen BI-Governance, Plan, Build und Run

- **Qualität vor Quantität**

  Das BI-Programm steht im Unternehmen für die fachliche, organisatorische und technische Qualität der BI-Landschaft

- **Mehr BI fürs Geld**

  Das BI-Programm schafft die Voraussetzungen, um den steigenden Anforderungen an BI mit den zur Verfügung stehenden Mitteln zu begegnen.

BI-Programm

Das bei der Strategieimplentierung erstellte *BI-Programm* „koordiniert die Weiterentwicklung der gesamten BI-Landschaft über strategische Maßnahmen" [Sommer08]. Seine wesentliche Aufgabe besteht in der Überführung der BI-Landschaft (Ist-Zustand) in die BI-Plattform (Soll-Zustand).

Im Hinblick auf ein Alignment wird die Realisierung des BI-Programms zusammen vom Fach- und IT-Bereich angegangen. Der Fachbereich ist dabei „für die Definition der fachlichen Anforderungen und das Heben von Nutzenpotentialen verantwortlich", während die IT-Bereiche die „kostenoptimale Ausgestaltung, die Neu-/Weiterentwicklung von BI-Systemen, sowie deren Betrieb" [Sommer08] verantworten.

BI-Governance

Als Steuerungsrahmen der BI-Strategie legt die *BI-Governance* u.a. „die Technologiestandards für Volkswagen" fest, erstellt „verbindliche Vorgaben für BI-Projekte" und gibt „Entwicklungsrichtlinien für BI-Systeme" [Alexander08] vor.

Zu ihren Zielen gehören die (vgl. [Sommer08])

- Etablierung von BI-Governance-Prozessen,
- Etablierung von definierten Entscheidungsrechten und -pflichten,
- Sicherstellung der Umsetzung der vorgegebenen Standards in den Projekten,
- Definition eines abgestimmten Sets von Instrumenten.

Angesichts ihrer Gestaltungsfunktion beschreibt die BI-Governance bei Volkswagen weiterhin (vgl. [Sommer08]),

- welche Entscheidungen sind
- durch wen in welcher Rolle bezüglich
- was (BI-Objekt)
- wann (BI-Objekt innerhalb des BI-Lifecycle)
- wie (Prozess) zu treffen.

BI-Competence Center

Das BICC des Volkswagenkonzerns besteht aus einem zentralen Team von 20 Mitarbeitern „der Marken Volkswagen und Audi sowie externen Dienstleistern" [Alexander08]. Organisatorisch ist das Center dem Chief Technology Officer (CTO) unterstellt, welcher nicht nur die technischen Aspekte der BI verantwortet, sondern in Zusammenarbeit mit den Process Integration Officers (PIO) „die Kernprozesse und die damit verbundene Gestaltung und Umsetzung von IT-Lösungen" [Alexander08] beaufsichtigt.

Die Aufgabenbereiche des BICCs der VW AG erstrecken sich insbesondere auf die „administrativ geprägten Prozesse des Anforderungs- und Auftragsmanagements und die „technologieorientierten Prozesse der eigentlichen Leistungserbringung" [Sommer08]. Ihr Augenmerk richtet sich dabei auf (vgl. [Sommer08])

- die Unterstützung von BI-Projekten,

- die Verankerung der BI-Referenzarchitektur in der BI-Landschaft,

- die Unterstützung des Transformationsprozesses der BI-Landschaft in die BI-Plattform,

- die Gestaltung des Zusammenwirkens von BI mit anderen Technologien und

- die Umsetzungsunterstützung der CTO-Strategie durch die BI-Produktstrategie.

Ausblick

In Anlehnung an die „Konzernstrategie 2015" wurde die BI-Strategie ebenfalls bis zum Jahr 2015 planerisch ausgestaltet [Sommer08]. Sie brachte eine BI-Roadmap hervor, die die „Weiterentwicklung der gesamten BI-Landschaft über strategische Maßnahmen" [Sommer08] koordiniert (vgl. Abb. 5.7).

In ihrer Ausgangssituation dominierte die BI-Landschaft des Konzerns aus zumeist aufgabenspezifischen und

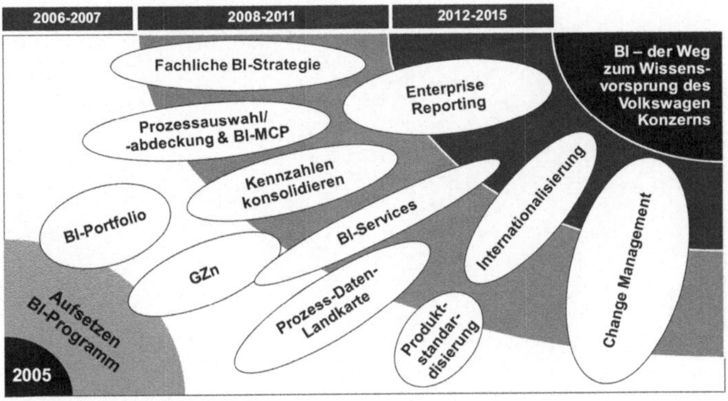

Abb. 5.7: BI-Roadmap der VW AG
Quelle: [Sommer08]

bereichsorientierten Lösungen [Alexander08]. Im Ergebnis der BI-Initiative soll nachhaltig die Entscheidungsunterstützung und Unternehmenssteuerung durch „einheitliche und konzernweit akzeptierte Kenngrößen und Messverfahren" [Alexander08] erreicht werden. Bedingt durch den internationalen Wettbewerb und komplexen Prozessanforderungen wird ein Zustand angestrebt, in dem die Entscheidungsgrundlagen zukünftig wiederholbar, vergleichbar und unter Hinzunahme von mehr Information stattfinden [Sommer08a].

6 Fazit und Ausblick

6.1 Zusammenfassung

Der primäre Fokus dieses Buches bestand darin, das Themenfeld des Strategic Alignment, der strategischen Ausrichtung von Business und IT, zu untersuchen und geeignete Werkzeuge und Verfahren für seine Unterstützung aufzuzeigen.

Einführend wurde ein genereller Überblick über die Domänen der Unternehmensstrategie und der IT-Strategie geschaffen, welche die wesentlichen Betrachtungsgegenstände des Strategic Alignment einnehmen. Anschließend erfolgte die Einordnung des Strategic Alignment, insbesondere im Hinblick auf die Abgrenzung zu den verschiedenen Business-IT Alignment-Disziplinen. Im Rahmen einer State-of-the-Art-Betrachtung wurde zum einen der gegenwärtige Wissenstand der Forschung und Praxis in Bezug auf den Wertbeitrag und die Erfolgsfaktoren für ein Strategic Alignment aufgezeigt, zum anderen wurden zwei Rahmenwerke vorgestellt, die Gestaltungsparameter für die Steuerung des Alignments vorweisen.

Bestandteil der weiteren Untersuchungen war es, methodische Ansätze und Instrumente zur Durchführung eines Alignment-Prozesses zu identifizieren und diese in ein

I. Bashiri et al., *Strategic Alignment*, Informatik im Fokus,
DOI 10.1007/978-3-642-11438-0_6, © Springer-Verlag Berlin Heidelberg 2010

Gesamtrahmenwerk zu überführen. Auf Basis des Ansatzes von Horváth & Partners wurde ein Vorgehensmodell konzipiert, das verschiedene Werkzeuge zur Steuerung und Messung des Ausrichtungsprozesses bereitstellt.

In der anschließenden Untersuchung wurde der Betrachtungsgegenstand auf das Themenfeld der Business Intelligence ausgeweitet. Als wesentliche Ansatzpunkte für eventuelle Ausrichtungsmaßnahmen wurden die Gestaltungsfelder BI-Strategie, BI-Governance und BI-Competence Center identifiziert.

Abschließend wurden exemplarisch einige praktische Bezüge für das Strategic Alignment durch Fallbeispiepiele von Marriott International und Capital One, sowie im Kontext der BI durch das Fallbeispiel der BI-Strategieinitiative der Volkswagen AG hergestellt.

6.2 Fazit

Strategic Alignment ist nach über 20jähriger Relevanz [Luftman04, Chan07] und trotz beträchtlicher Forschungsarbeit [Reich07] aktuell noch immer ein Problemthema für viele Unternehmen. Dass das strategische Alignment in seinen Grundzügen überhaupt einen positiven Wertbeitrag erzielen kann, steht mittlerweile nicht mehr zur Diskussion. Empirische Untersuchungen konnten nachweisen, dass das Strategic Alignment u.a.

1. sich positiv auf die Business Value-Generierung auswirkt (vgl. [Tallon03]),

2. zur Schaffung von Wettbewerbsvorteilen beiträgt (vgl. [Kearns01]),

3. Performancesteigerungen nach sich zieht (vgl. [Jouirou04, Huff97]) und

4. positiv die Kapitalrendite und das Unternehmenswachstum beeinflusst (vgl. [BTM07]).

Vordergründige Fragestellungen, die sich in diesem Zusammenhang aufdrängen, zielen dagegen vielmehr auf mögliche Herangehensweisen (Wie?) und den effektiven Maßnahmensupport (Womit?) ab. Vielen Unternehmen gelingt es schlichtweg nicht in ausreichendem Maße, diesen Aufgabenkomplex in ihrem Betrieb unter Kontrolle zu bekommen.

Obwohl sich einige Modellansätze der Problematik angenommen haben und zu Teilen sogar empirische Bestätigung gefunden haben, konnte sich bislang noch keine praxisrelevante Vorgehensweise tatsächlich in der Unternehmenssteuerung durchsetzen. Dieser Sachverhalt kann wohlmöglich in Verbindung zu der mangelnden praktischen Anwendbarkeit der theoretischen Modelle gesehen werden. Grundsätzlich adressieren die Ansätze zwar die Alignment-Problematik, sie scheitern aber daran, die Gesamtkomplexität ausreichend abzubilden bzw. es gelingt ihnen nicht, den Unternehmen einen umfassenden und praxistauglichen Rahmen für die strategische Ausrichtung darzubieten. Zum einen werden häufig zu realititätsferne Abstrahierungen in den Modellannahmen vorgenommen, zum anderen fehlt oftmals ein adäquater Gesamtrahmen, der alle unternehmensrelevanten Aspekte einbezieht, die Komplexität der Vorhaben in Teilbündel aufgliedert und zudem angemessen hinsichtlich der dynamischen und flexiblen Anforderungen des Prozesses aufgestellt ist.

Auch die generell hohen Scheiterungsraten von IT-Projekten spiegeln das Unvermögen der ganzheitlichen

Ausrichtung zwischen Business und IT wider. Aktuelle Studien zeigen, dass nur jedes dritte IT-Projekt plan- und erfolgsgemäß abgeschlossen wird. Während ein Viertel der Projekte sogar gänzlich scheitert, läuft beinahe jedes zweite IT-Vorhaben nicht wie geplant ab bzw. erfüllt nicht die gestellten Erwartungen [Levinson09]. Bezogen auf das Strategic Alignment kann eine mögliche Ursache hierfür die mangelnde Berücksichtigung der verschiedenen Einflussfaktoren sein, die auf den Prozess der strategischen Geschäfts- und IT-Ausrichtung einwirken.

Wissenschaftliche Forschungsstudien konnten eine Vielzahl von Erfolgsfaktoren identifizieren, die sich entscheidend auf das Gelingen eines Alignments auswirken. Als wichtigster Faktor ist dabei beispielsweise das Commitment des Managements hervor zu heben. Der Förderung und Unterstützung durch das Management wird ein großer erfolgskritischer Beitrag beigemessen, da ein solches Commitment zahlreiche Aktivitäten und Veränderungsprozesse erst möglich machen kann. Das Alignment von Business und IT involviert zumeist verschiedene Unternehmensbereiche und zieht zahlreiche Veränderungskonsequenzen im Betriebsablauf nach sich: z. B. Änderungen in den Prozessabläufen, am Ressourceneinsatz, im Personalverhalten und an der organisatorischen Ausgestaltung. Die unternehmensübergreifende Umsetzung wird in den meisten Fällen ohne die Beteiligung und die Förderung durch die Führungsspitze nicht gelingen. Von ihr muss der Prozess initiiert und in das Gedankengut der Mitarbeiter übertragen und forciert werden. Dies untermauern auch die Fallstudien von Marriott International und Capital One, bei denen die Einleitung des Alignments ebenfalls durch die Geschäftsleitung erfolgte.

Weiterhin bedarf ein Alignment immer der Einwirkung aller zugehörigen Parteien der auszurichtenden Betrachtungsdomänen, in diesem Fall des Business und der IT. Den IT-Abteilungen allein wird es nicht gelingen, das Alignment mit dem Business maßgeblich voranzutreiben. In ihrem zumeist überwiegend technischen Verantwortungsbereich ist die Umsetzung von derart unternehmensweit verflechteten Maßnahmensträngen nicht praktizierbar. Ein Erfolg kann sich nur einstellen, wenn sich die Geschäftsseite und die IT in gegenseitiger und partnerschaftlicher Abstimmung mit den notwendigen Berechtigungen des Themas annehmen. Dementsprechend darf das Strategic Alignment nicht als isolierte Disziplin der IT angesehen werden, vielmehr ist sie eine Aufgabenstellung, die alle Unternehmensbereiche (einschließlich des Managements) betrifft.

Die Komplexität eines Alignment-Vorhabens, das sich sowohl auf fachliche, technische wie auch organisatorische Ebenen eines Unternehmens bezieht, erfordert einen umfassenden Ansatz, der sämtliche Aspekte von der Planung bis zur Umsetzung berücksichtigt. Zugleich müssen auch geeignete Controllinginstanzen bereitgestellt werden, um gleichermaßen die Mess- und Steuerbarkeit und die Ermittlung des Wertbeitrags der Initiative zu gewährleisten. Die Transparenz über die Kosten, Leistungen und dem Erfolgsbeitrag einer Initiative erhöht das Verständnis für geleistete Unternehmungen und schafft damit gleichzeitig auch eine Akzeptanzbasis für neue Engagements. Mit dem hier konzipierten Vorgehensmodell wurde eine Herangehensweise vorgestellt, die sich der strategischen Alignment-Problematik aus einer ganzheitlichen Perspektive annimmt. Grundgedanke dieses Ordnungsrahmens ist eine phasenbezogene Aufspaltung des Vorhabens, zum einen um eine logische Abfolge der einzelnen Teilschritte zu ermöglichen, zum anderen um die Komplexität der Gesamtinitiative zu reduzieren und damit ihre strategische Operationalisierbarkeit zu vereinfachen. Für jede Phase werden dabei Instrumente bereitgestellt, die sowohl von betriebswirtschaftlicher wie informationstechnischer Relevanz sind und den Umsetzungsprozess anforderungsgerecht unterstützen. Der Einsatz von kennzahlenbasierten Methodiken wie z. B. die vorgestellte IT-Card schafft dabei eine angemessene Ausgangsbasis zur Ausrichtung der Unternehmens- und IT-Strategie. Der Einsatz von kennzahlenbasierten Methodiken wie z.B. der KPI-Systeme ermöglicht währenddessen die Messbarkeit der Prozesse und Ziele und bildet damit die Grundlage für eine nachhaltige Steuerung des Alignments.

Auch für das Gebiet der Business Intelligence gewinnt der Themenkomplex Strategic Alignment zunehmend an Bedeutung. Nachdem mittlerweile die erste Hürde in den Unternehmen genommen wurde und die BI sich als ein wirksames und wertbeitragendes Instrument bei der Unternehmenssteuerung durchgesetzt hat, gilt es nun im nächsten Schritt, ihr unkontrolliertes, heterogenes und oftmals isoliertes Wachstum zu „bändigen" und sie in Einklang mit den Zielen und Anforderungen der Organisation auszurichten. Maßnahmen, die hierzu ergriffen werden müssen, umfassen zum einen die Entwicklung einer BI-Strategie, die einen langfristigen Orientierungsrahmen für die BI vorgibt, und zum anderen das Einsetzen einer übergreifenden BI-Governance, in der die konsequente Umsetzung der BI-Strategie gewährleistet und das Alignment mit dem Geschäft forciert wird. Ein BI-Competence Center kann in diesem Zusammenhang das notwendige Know-how bereitstellen, um die effektive Ausgestaltung beider Disziplinen zu begleiten. Darüber hinaus kann sie die unternehmensweite Umsetzung und Anwendung von BI-relevanten Aktivitäten sicherstellen und damit eine größtmögliche Ausschöpfung ihres Potentials garantieren. Allerdings müssen auch bei der Aufstellung des BICCs gewisse Kriterien berücksichtigt werden. Dies betrifft insbesondere die strategische Planung des Centers, die Zusammensetzung des Teams aus den Fach- und IT-Bereichen und ihre Rollenzuteilungen.

Abschließend bleibt festzuhalten, dass jede Unternehmung im Kontext des Alignments, sei es das stratgische IT- oder BI-Alignment, eine Strategieimplementierung oder die Einführung eines BICCs, der Durchführung von anwendungsspezifischen Controlling-Maßnahmen bedarf. Mit wertorientierten Messungs- und Bewertungsverfahren in Form von KPI-Analysen besteht die Möglichkeit, auf leistungs- und ertragsbezogene Abbildungen der jeweiligen Initiative und detaillierten Einsichten in Bezug auf Aufwendungen und der Business Value Generierung zurückzugreifen. Nachhaltig kann dadurch nicht nur eine Effizienz- und Leistungsoptimierung erreicht werden, es wird zudem Transparenz über den Wertbeitrag des Engagements für das Management wie auch für die Fach- und IT-Bereiche geschaffen. Damit fungiert die Methodik des Controllings im Alignment-Prozess sowohl als Instrument zur Steuerung wie auch als Maßnahme zur innerbetrieblichen Akzeptanzsteigerung.

6.3 Ausblick

Bei der Betrachtung der Fülle von Facharbeiten zum Themengebiet des Strategic Alignments ist tendenziell feststellbar, dass die wissenschaftlichen Erkenntnisse, zumindest in Bezug auf Referenzmodelle und Herangehensweisen, in der Praxis kaum Anwendung finden. Am Beispiel des Strategic Alignment Model ist beispielsweise erkennbar, dass es bis auf wenige Ausnahmen kaum Forschungsergebnisse über seine tatsächliche Umsetzung in den Unternehmen gibt. Das Modell beschreibt zwar in der Theorie die Einflussbeziehungen des Alignments, in der Praxis hat es sich allerdings nicht als nutzbares Instrument durchsetzen können. Im allgemeinen gelingt es der Wissenschaft nicht hinreichend, über konzeptionelle Forschung hinaus nennenswerte Beiträge zur Lösung der Ausrichtungsproblematik zu liefern. Die Bilanz aus jahrelanger wissenschaftlicher Forschung zu dem Thema drängt in den Worten von Chan die nicht unbegründete Frage in den Vordergrund: „Why haven't we mastered alignment" [Chan02]?

Als weitaus praxistauglicher erweisen sich dagegen Ansätze der Consultingunternehmen, die sich meist auf jahrelange und praktische Einsichten stützen. Sie geben z. B. konkrete Handlungsfelder an, die von den Unternehmen zur Schaffung des Alignments angegangen werden müssen (vgl. z.B. [Blankenhorn08, Keller08, Richter08, Klein08]).

In diesem Zusammenhang wäre eine künftig verstärkte Zusammenarbeit von Wissenschaft und Praxis, allen voran der Beratungsinstanzen, wünschenswert. Auf der Basis gemeinsamer Anstrengungen könnte beispielsweise eine wissenschaftliche Annäherung hinsichtlich umsetzbarer Vorgehensweisen für das Alignment erfolgen.

Darüber hinaus weisen auch andere Alignmentdisziplinen wie z.B. das Operational Alignment (vgl. z.B. [Gomber07, Beimborn06]) interessante Potenziale in Bezug auf nutzbringende Leistungen für die Unternehmen auf. Auch hier heben sich vielversprechende Forschungsfelder hervor, die bislang nur spärliche Beachtung in der Wissenschaft gefunden haben.

Bezogen auf den Betrachtungsgegenstand der strategischen BI-Ausrichtung lassen sich in der Literatur bislang nur wenige Ansatzpunkte erkennen. Dies lässt sich eventuell darauf zurückführen, dass die BI in ihrer technologiebasierten Ausgestaltung noch ein relativ „junges" Themenfeld in den Unternehmen darstellt und bisweilen eher als vollständiger Bestandteil der IT betrachtet wurde. Nichts desto trotz bieten sich hierzu konkrete Forschungsthemen an, zumal die BI als erfolgsversprechende Wettbewerbskomponente der Zukunft gehandelt wird und sich allmählich auch als eigenständige Disziplin in den Unternehmen durchsetzt.

Im Rahmen zukünftiger Studien ist eine wissenschaftliche Befassung mit folgenden Fragestellungen vorstellbar:

- **BI-spezifische Erfolgsfaktoren für das Alignment**

  Gibt es spezifische Erfolgsfaktoren für das Strategic BI-Alignment? Wenn ja, welche?

- **BI-gestützte Alignment-Schaffung**

  Wie können BI-Systeme konkret zur Schaffung von Business-IT Alignment beitragen?

- **Wertbeitrags des BI-Alignments**

  Welchen Mehrwert kann ein Unternehmen durch die Anwendung des BI-Alignments erreichen?

- **Wissenschaftliche Ergründung der Rolle des BICCs beim Alignment**

  Wie kann ein BICC aus wissenschaftlicher Sicht zum Alignment beitragen? Welche Rolle muss es in diesem Prozess übernehmen?

A Anhang: Strategic Alignment Maturity Model*

Kriterium: Partnership

PARTNERSHIP	Level 1	Level 2	Level 3	Level 4	Level 5
▪ Business Perception of IT	▪ Cost of doing business	▪ Becoming an asset	▪ Enables future business activity	▪ Drives future business activity	▪ Partner with business in creating value
▪ IT's Role in Strategic Business Planning	▪ Not involved	▪ Enables business processes	▪ Drives business processes	▪ Enables or drives business strategy	▪ IT, business adapt quickly to change
▪ Shared Risks and Rewards	▪ IT takes all the risks, receives no rewards	▪ IT takes most risks with little reward	▪ IT, business start sharing risks, rewards	▪ Risks, rewards always shared	▪ Managers are given incentive to take risks
▪ Managing the IT-Business Relationship	▪ IT-business relationship isn't managed	▪ Managed on ad-hoc basis	▪ Processes exist but not always followed	▪ Processes exist and complied with	▪ Processes are continuously improved
▪ Relationship/Trust Style	▪ Conflict and mistrust	▪ Transactional relationship	▪ IT becoming a valued service provider	▪ Long-term partnership	▪ Partner, trusted vendor of IT services
▪ Business Sponsors/Champions	▪ Usually none	▪ Often have a senior IT sponsor/champion	▪ IT and business sponsor/champion at unit level	▪ Business sponsor/champion at corporate level	▪ CEO is the business sponsor/champion

*In Anlehnung an [Luftman00].

I. Bashiri et al., *Strategic Alignment*, Informatik im Fokus,
DOI 10.1007/978-3-642-11438-0, © Springer-Verlag Berlin Heidelberg 2010

Kriterium: Communication

COMMUNICATION	Level 1	Level 2	Level 3	Level 4	Level 5
Understanding of Business by IT	- IT management lacks understanding	- Limited understanding by IT management	- Good understanding by IT management	- Understanding encouraged among IT staff	- Understanding required of all IT staff
Understanding of IT by Business	- Managers lack understanding	- Limited understanding by managers	- Good understanding by managers	- Understanding encouraged among staff	- Understanding required of staff
Organizational Learning	- Casual conversation and meetings	- Newsletters, reports, group e-mail	- Training, departmental meetings	- Formal methods sponsored by senior management	- Learning monitored for effectiveness
Style and Ease of Access	- Business to IT only; formal	- One-way, some what informal	- Two-way, formal	- Two-way, some what informal	- Two-way, informal and flexible
Leveraging Intellectual Assets	- Ad-hoc	- Some structured sharing emerging	- Structured around key processes	- Formal sharing at all levels	- Formal sharing with partners
IT-Business Liaison Staff	- None or use only as needed	- Primary IT business link	- Facilitate knowledge transfer	- Facilitate relationship-building	- Build relationship with partners

Kriterium: Human Resources

Human Resources	Level 1	Level 2	Level 3	Level 4	Level 5
• Innovative, Entrepreneurial Environment	• Discouraged	• Somewhat encouraged at unit level	• Strongly encouraged at unit level	• Also at corporate level	• Also with partners
• Key IT HR Decision Maker(s)	• Top business and IT management at corporate level	• Same, with emerging functional influence	• Top business and unit management; IT advises	• Top business and IT management across firm	• Top management across firm and partners
• Change Readiness	• Tend to resist change	• Change readiness programs emerging	• Programs in place at functional level	• Programs in place at corporate level	• Also proactive and anticipate change
• Career-Crossover Opportunities	• Job transfers rarely occur	• Occasionally occur within unit	• Regularly occur for unit management	• Regularly occur at all unit levels	• Also at corporate level
• Cross-Functional Training and Job Rotation	• No opportunities	• Decided by units	• Formal programs run by all units	• Also across enterprise	• Also with partners
• Social Interaction	• Minimal IT-Business interaction	• Strictly a business-only relationship	• Trust and confidence is starting	• Trust and confidence achieved	• Attained with customers and partners
• Attract and Retain Top Talent	• No retention program; poor recruiting	• IT hiring focused on technical skills	• Technology and business focus; retention program	• Formal program for hiring and retaining	• Effective program for hiring and retaining

Kriterium: Metrics

METRICS	Level 1	Level 2	Level 3	Level 4	Level 5
IT Metrics	- Technical only	- Technical, cost; metrics rarely reviewed	- Review, act on technical, ROI metrics	- Also measure effectiveness	- Also measure business opportunities, HR, partners
Business Metrics	- IT investments measured rarely, if ever	- Cost/unit; rarely reviewed	- Review, act on ROI, cost	- Also measure customer value	- Balanced scorecard, includes partners
Link Between IT and Business Metric	- Value of IT investments rarely measured	- Business, IT metrics not linked	- Business, IT metrics becoming linked	- Formally linked; reviewed and acted upon	- Balanced scorecard, includes partners
Service Level Agreements	- Use sporadically	- With units for technology performance	- With units; becoming enterprisewide	- Enterprisewide	- Includes partners
Bench marking1	- Seldom or never	- Sometimes benchmark informally	- May benchmark formally, seldom act	- Routinely benchmark, usually act	- Routinely benchmark, act and measure results
Formally Assess IT Investments	- Don't assess	- Only when there's a problem	- Becoming a routine occurrence	- Routinely assess and act on findings	- Routinely assess, act and measure
Continuous Improvement Practices	- None	- Few; effectiveness not measured	- Few, starting to measure effectiveness	- Many, frequently measure effectiveness	- Practices and measures well established

Kriterium: Governance

GOVERNANCE	Level 1	Level 2	Level 3	Level 4	Level 5
Formal Business Strategy Planning	- Not done, or done as needed	- At unit functional level; slight IT input	- Some IT input and cross-functional planning	- At unit and enterprise, with IT	- With IT and partners
Formal IT Strategy Planning	- Not done, or done as needed	- At unit level; slight business input	- Some business input and cross-functional planning	- At unit and enterprise, with business	- With partners
Organization Structure	- Centralized or decentralized	- Centralized or decentralized; some co-location	- Centralized, decentralized or federal	- Federal	- Federal
Reporting Relationship	- CIO reports to CFO	- CIO reports to CFO	- CIO reports to COO	- CIO reports to COO or CEO	- CIO reports to CEO
How IT is Budgeted	- Cost center by unit	- Cost center by unit	- Some projects treated as investments	- IT treated as investment	- Profit center
Rationale for IT Spending	- Productivity, efficiency	- Productivity, efficiency	- Also a process enabler	- Process driver, strategy enabler	- Competitive advantage, profit
Senior-level IT Steering Committee(s)	- Don't have	- Meet informally as needed	- Formal committees meet regularly	- Proven to be effective	- Also includes external partners
How Projects are Prioritized	- React to business or IT need	- Determined by IT function	- Determined by business function	- Mutually determined	- Partners' priorities are considered

Kriterium: Technology

TECHNOLOGY	Level 1	Level 2	Level 3	Level 4	Level 5
Primary Systems	• Traditional office support	• Transaction oriented	• Business process enabler	• Business process driver	• Business strategy enabler/driver
Standards	• None or not enforced	• Defined, enforced at functional level	• Emerging coordination across functions	• Defined, enforced across functions	• Also coordinated with partners
Architectural Integration	• Not well integrated	• Within unit	• Integrated across functions	• Begins to be integrated with partners	• Integrated with partners
How IT Infrastructure is Perceived	• A utility; run at a minimum cost	• Becoming driven by business strategy	• Driven by business strategy	• Beginning to help business respond to change	• Enables fast response to changing market

Level 5 -Optimized Processes

Communications: Informal, pervasive
Value: Measures extended to external partners
Governance: Integrated across the firm and partners
Partnership: IT-business adaptive and improvise together
Scope & Architecture: Evolve with partners
Skills: Education/careers/rewards across the organization

Level 4 -Improved, Managed Processes

Communications: Bonding, unified
Value: Measures cost effectiveness; dashboard managed
Governance: Managed across the organization
Partnership: IT enables/drives business strategy
Scope & Architecture: Integrated with partners
Skills: Shared risks and rewards

Level 3 -Established, Focused Processes

Com.: Good understanding; relaxed communications emerging
Val.: Measures some cost effectiveness; dashboard established
Governance: Relevant process across the organization
Partn.: IT is as an asset; process driver; conflict seen as creative
Scope & Architecture: Integrated across the organization
S.: Emerg. value service provider; balanced techn. & bus. hiring

Level 2 -Committed Processes

Communications: Limited business/IT understanding
Value: Measures functional cost efficiency
Governance: Tactical at functional level, occasionally responsive
Partnership: IT emerging as an asset; process enabler
Scope & Architecture: Transactional (e.g., ESS, DSS)
Skills: Differs across functional organizations

Level 1 -Initial/Ad-hoc Processes

Communications: Business/IT lack understanding
Value: Some technical measurements
Governance: No formal process, cost center, reactive priorities
Partnership: Confliict; IT is a cost of doing business
Scope & Architecture: Traditional (e.g., accounting, email)
Skills: IT takes risk, little reward; technical training only

Abb. A1: SAMM Maturity Level

Literaturverzeichnis

Accenture; Universität St. Gallen: "Informations-technologie als Wettbewerbsfaktor", http://www.accenture.com/NR/rdonlyres/00F1C4C5-169D-49EE-B2E8-79CCE8043794/0/info_tech.pdf (30.07.2009)

Adoplhs, Kai: "Wettbewerbsvorteile im Electronic Retailing", Gabler, S. 53–54, 2004

Alexander, Sascha: "Volkswagen nutzt BI mit System", http://www.computerwoche.de/1876844 (25.07.2009)

Andrews, K.R.: "The Concept of Corporate Strategy", Richard D Irwin, 1971

Ansias, Pierre-Yves; Baïna, Salah; Castiaux, Annick; Petit, Michaël: "Strategic Business/IT Alignment Using Goal Models", in: 3rd International Workshop on Business/IT Alignment and Interoperability", 2008, http://people.dsv.su.se/~pajo/busital2008/paper3.pdf (12.05.2009)

Ansoff, H. I.: "Corporate Strategy", McGraw Hill, 1965

Avison, David; Jones, Jill; Powell, Philip; Wilson, David: "Using and Validating the Strategic Alignment Model", Journal of Strategic Information Systems 13, S. 223–246, 2004

Bange, Carsten: "Der Weg zu einer erfolgreichen Organisation: Business Intelligence Competence Center", in: 7. Europäische TDWI-Konferenz München 2008,

http://www.sigs.de/download/tdwi_08_Muc/BARC_
T1_BI_Strategie_gesamt.pdf (20.07.2009)

Basir, Hisham Bin: "The Interoperability of Strategic Alignment Model in Malaysian Public Institutions of Hig-
her Learning", Proceedings of Seminar IT Malaysia
(SITMA), 2006, http://www.hishammb.net/Koleksi/
Persidangan/SITMA2006.pdf (19.05.2009)

Bhattacharjya, Jyotirmoyee; Chang, Vanessa: "Evolving IT
Governance Practices for IT and Business Alignment –
A Case Study in an Australian Institution", in: Procee-
dings of Conference on Information Science, Technolo-
gy and Management (CISTM 2006), Chandigarh, India,
July 16–18

Beal, Barney: "CIO News: The Priority that Persists",
http://searchcio.techtarget.com/news/article/0,289142
,sid182_gci932246,00.html, (01.04.2009)

Beimborn, Daniel; Franke, Jochen; Gomber, Peter; Wagner, Heinz-Theo; Weitzel, Tim: "Die Bedeutung des
Alignment von IT und Fachressourcen in Finanzprozes-
sen", Wirtschaftsinformatik 48(5), S. 331–339, Oktober
2006

Beims, Martin: "IT Service Management in der Praxis mit
ITIL 3", Hanser Fachbuch, S. 189–191, 2008

Bentley, Rich: "Overcoming the Inhibitors to Alignment",
http://www.itexecutivesummit.com/documents/2007
-10-10ny/Rich%20Bentley%20Presentation.ppt
(25.05.2009)

Blankenhorn, Hartmut: "Den Wertbeitrag der IT im Unternehmen ermitteln und steuern", in: "Praktisches IT-
Management: Controlling, Kennzahlensysteme, Kon-

zepte" (Blomer, R.; Mann, H.; Bernhard, M.), Symposion Publishing GmbH, Düsseldorf, S. 185–199, 2006

Blankenhorn, Hartmut; Thamm, Jörg E.: "Business-IT-Alignment – Aufbau und Operationalisierung der IT-Strategie", Information Management & Consulting 1, S. 9–16, 2008

Blankenhorn, Hartmut: "Was leistet die IT für das Unternehmen?", http://www.controller-forum.com /fileadmin/media/PDF/de/02_Kompetenz/Was_leistet_die_IT_fuer_das_Unternehmen.pdf (18.06.2009)

Bouvier, Laura: "Marriott agillTy", http://www.afcea.org /events/solutions/09/acquisition/files/bouvier.ppt (08.11.2009)

Britt, Frank F.: "Multiplying Business Value: The Fusion of Business and Technology", IBM Institute for Business Value 2002, http://www. ibm.com/developerworks/rational/library/05/0927_britt/index.html (05.04.2009)

Broadbent, M.; Weill, P.: "Improving Business and Information Strategy Alignment: Learning from the Banking Industry", IBM Systems Journal 32(1), S. 162–179, 1993

Business Technology Management (BTM) Institute: "Business Technology Convergence Index", BTM Institute Research Paper, June 2007, http://www.btmfusion360. com/PDF/Business_Technology_Convergence_Index_Final.pdf (28.05.2009)

Buchta, Dirk; Eul, Marcus; Schulte-Croonenberg, Helmut: "Strategisches IT-Management", Gabler, S. 20–108, 2009

230 Literaturverzeichnis

Burmann, Christoph: "Strategische Flexibilität und Strategiewechsel als Determinanten des Unternehmenswertes", Gabler, S. 79–89, 2002

Burton, Betsy.; Geishecker, Lee.; Hostmann, Bill.; Friedman, Ted.; Newman, David.: "Organizational Structure: Business Intelligence and Information Management", Gartner Research, 2006

Buser, Tom: "Wachstum durch Customer Relationship Management", http://www.crmmanager. de/magazin/artikel_1334_crm_customer_relationship_ management_wachstum.html (10.07.09)

Byrd, Terry A.; Lewis, Bruce R.; Bryan, Robert W.: "The Leveraging Influence of Strategic Alignment on IT Investment: An empirical examination", Information & Management, 43(3), S. 308–321, April 2006

Capital One Hoempage: http://www.capitalone.com (11.11.2009)

Carr, Nicholas G.: "Does IT Matter", Harvard Business Press, 2004

Chan, Yolande E.: "Why Haven't We Mastered Alignment? The Importance of the Informal Organization Structure", MIS Quarterly Executive 1(2), S. 97–112, June 2002

Chan, Yolande E.; Sabherwal, Rajiv; Thatcher, Jason B.: "Antecedents and Outcomes of Strategic IS Alignment: An Empirical Investigation", IEEE Transactions on Engineering Management, 53(1), S. 27–47, February 2006

Chan, Yolande E.; Reich, Blaize Horner: "IT Alignment: What Have We Learned?" Journal of Information Technology 22, S. 297–315, 2007

Chandler, A. D.: "Strategy and Structure. Chapters in the History of Industrial Enterprise", MIT Press, 1962

Chew, Eng K.; Gottschalk, Peter: "Information Technology Strategy and Management: Best Practices", Information Science Reference, S. 131–145, 2009

Ciborra, Claudio U.: "De profundis? Deconstructing the concept of strategic alignment", Scandinavian Journal of Information System 9(1), S. 67–82, December 1997

CIO: "An Information Based Strategy: Where IT and Business are One and the Same", CIO, 10(19), S. 64, August 1997

CIO.de: "Auf Linie – Alignment von IT und Business" (02.12.2004), http://www.cio.de/strategien/801782/index1.html (10.04.2009)

Cognos: "Building a Business Intelligence Competency Center", http://www.cognos.com/innovationcenter/pdfs/building_business_intelligence_competency_center.pdf (23.04.09)

Wikiinvest: "Wiki Analysis: *Capital One Financial (COF)*", http://www.wikinvest.com/stock/Capital_One_Financial_(COF) (12.11.2009)

Craig, David; Tinaikar, Ranjit: "Divide and Conquer: Rethinking IT strategy", Mckinsey Quarterly, 9, S. 4–13, Fall 2006

CSC, Computer Science Corporation: "Business-Aligned IT Strategy", http://assets1.csc.com/management_consulting/downloads/WA08_0270_Business-Aligned_IT_Strategy_2_pager.pdf (14.05.09) dashboardspy.com: "Executive Dashboard Mockup Wireframe Tool", http://dashboardspy.com/dashboard-screenshot-wireframe-coolblue-template.html (09.07.2009)

Davenport, Tom H.; Harris, Jeanne G. "Competing on Analytics: The New Science of Winning", Mcgraw-Hill Professional, S. 23–40, 2007

Evans, Nina: "Promoting Fusion in the Business-IT Relationship", Issues in Informing Science & Information Technology 1, S. 303–312, 2004

Farrel, Ivor J.: "Aligning IT to Corporate Objectives: Organisational Factors in Use", 2003, http://www.farrell-associates.com.au/Papers/IT%20Alignment%20Thesis.pdf (28.05.2009)

Fiedler, Rudolf: "Controlling von Projekten", Vieweg Friedr. + Sohn, S. 43–49 & S. 176–177, 2005

Fortune Magazine:http://money.cnn.com/magazines/fortune/(07.11. 2009)

Fröhlich, Martin; Glasner, Kurt: "IT Governance – Leitfaden für eine praxisgerechte Implementierung", Gabler, S. 17–20, 2007

Gartner: "Gartner Survey of 1,400 CIOs Shows Transformation of IT Organisation Is Accelerating", http://www.gartner.com/press_releases/asset_143678_11.html (11.07.09)

Gericke, Ancke; Stutz, Matthias: "Internetressourcen zu IT/Business Alignment", Wirtschaftsinformatik 48(5), S. 362–367, Oktober 2006

Gschwendtner, Michael; Pfüller, Gottfried: "IT-Steuerung – Strategisch, nachhaltig und erfolgreich", Information Management & Consulting 23(2), S. 69–75, 2008

Gibson, Diane. L.; Goldenson, Dennis.; Kost, Keith.: "Performance Results of CMMI®-Based Process Improvement", S. 01–30, http://www.sei.cmu.edu/reports/06tr004.pdf 2006

Gluchowski, Peter: "BI-Strategie", http://www.beyenetwork.de/print/7135 (13.07.09)

Gluchowski, Peter: "Ansatzpunkte zur Gestaltung einer Business Intelligence-Strategie", *in:* Strategisches Management zwischen Globalisierung und Regionalisierung (Götze, Uwe; Lang, Reinhart eds.), Gabler Verlag, Wiesbaden, S. 387–402, 2008

Goerlitz, Janet: "Strategisches Management in der außeruniversitären Forschung", Wissenschaftsmanagement 6 November/Dezember 2005, S. 17–21, 2005

Gomber, Peter; Beimborn, Daniel; Franke, Jochen: "IT-Business-Alignment und der Wertbeitrag der IT – Ergebnisse einer empirischen Studie unter den 1.000 größten deutschen Banken", Information Management & Consulting 1, S. 76–82, 2007

Greengard, Samuel: "Suite Success – Marriott turns IT into a Strategic Advantage", Baseline/BTM 500 October 2008 Issue 089, S. 34–35, 2008

Greiner, Oliver: "Impulse zur Gestaltung des Strategieprozesses 2009", http://www2.horvath-partners.com/fileadmin/media/PDF/de/04_Publikationen/2009_02_12_Strategieartikel_Oliver_G.pdf (22.06.09)

Grimm, Robert: "Der operative IT-Strategie-Ansatz", *in:* Strategisches IT-Management (*Keuper, Frank; Grimm, Robert; Schomann,* Marc;), Gabler, S. 117–126, 2008

Gronau, Norbert: "Vorgehensmodell des Geschäftsprozessmanagements", http://wi.uni-potsdam.de/homepage/potsdam.nsf/0/4E79C06B49C C7827C12574EC00427AA3/$File/GPM_Vorgehensmo dell-GPM-Teil2_2F.pdf (23.06.09)

Gutierrez, Noe: "Business Intelligence (BI) Governance", http://www.   infosys.com/industries/consumer-packaged-goods/white-papers/   bi-governance.pdf (16.07.09)

Henderson, Bruce D.: "Strategic and Natural Competition", 1980, *in:* The Boston Consulting Group On Strategy (Stern, Carl W.; Deimler, Michael S. eds.), Wiley, New York, 2006

Henderson, John C.; Venkatraman: "Strategic Alignment: Leveraging Information Technology for Transforming Organizations", IBM System Journal 32(1), S. 4–16, 1993

Hirschheim, Rudy; Beimborn, Daniel; Schlosser, Frank; Schwarz, Andrew; Weitzel, Tim: "How to Achieve IT Business Alignment? Investigating the Role of Business Process Documentation in US and German Banks", Proceedings of the Fourteenth Americas Conference on Information Systems, Toronto ON Canada, August 14th–17th 2008

Hofbauer, Thomas; Hitz, Kai: "IT-Produktivität: Was denken Manager und IT-Verantwortliche heute über den

Geschäftsnutzen von IT?", Information Management & Consulting 21(3), S. 47–50, 2006

Hofer, Charles W.; Schendel, Dan: "Strategy Formulation: Analytical Concepts", South-Western (Div of Thomson Learning) 1978

Hofmann, Jürgen; Schmidt, Werner: "Masterkurs IT-Management", S. 11–89, 2007

Holtschke, Bernhard; Heier, Hauke; Hummel, Thomas: "Quo Vadis CIO", Springer, S. 73–90, 2008

Horváth, Peter: "IT-Controlling setzt die IT-Strategie voraus", Interview in: Information Management & Consulting 19(4), S. 98–100, 2004

Horváth & Partners: "Business Intelligence Governance", interne Firmenunterlagen, Hováth & Partners, Stuttgart, 2009

Horváth & Partners Website: "Balanced Scorecard – Strategien erfolgreich umsetzen", http://www2.horvath-partners.com/Buecher-Detailseite.553.0.html?&cHash=d04cedcc36&tx_horvathpublications_pi1[backPid]=139&tx_horvathpublications_pi1[pointer]=0&tx_horvathpubli cations_pi1[showUid]=36, (30.04.09)

Horváth & Partners University – Student Club 15. Mai 2009: "Projektmanagement bei H&P" (*Gschwendtner, Michael.; Paulus, Jürgen. eds.*), interne Firmenunterlagen, Hováth & Partners, Stuttgart, 2009

Huff, Sid L.; Chan, Yolande E.; Barclay, Donald W.; Copeland, Duncan G.: "Business Strategic Orientation, Information Systems Strategic Orientation, and Strategic Alignment", Information Systems Research, 8(2), S. 125–150, June 1997

Hungenberg, Harald: "Strategisches Management in Unternehmen: : Ziele, Prozesse, Verfahren", Gabler, S. 3–19, 2008

Huelsmann, Michael: "Management im Orientierungsdilemma: Unternehmen zwischen Effizienz und Nachhaltigkeit", Gabler, S. 91–95, 2003

Iman, Nofie; Hartono, Jogiyanto: "Strategic Alignment Impacts on Organizational Performance in Indonesian Banking Industry", International Journal of Business, 9(2), S. 253–272, May–August 2007

Jouirou, Nihel; Kalika, Michel: "Strategic Alignment: A Performance Tool (An Empirical Study of SMEs)", Proceedings of the Tenth Americas Conference on Information Systems, New York, S. 3693–3701, August 2004

Jugdev, Kam; Thomas, Janice: "Project Management Maturity Models: The Silver Bullets of Competitive Advantage?" Project Management Journal 33(4), S. 4–14, 2002

Kaplan, Robert S., Norton, David P.: "The Balanced Scorecard: Translating Strategy Into Action", Harvard Business Press, 1996

Kaplan, Robert S., Norton, David P.: "Strategy Maps: Converting Intangible Assets into Tangible Outcomes", Harvard Business Press, 2004

Kearns, Grover S.; Lederer, Albert L.: "Strategic IT Alignment: A Model for Competitive Advantage", Twenty-Second International Conference on Information Systems, 2001

Keller, Wolfgang; Masak, Dieter: "Was jeder CIO über IT-Alignment wissen sollte", Information Management & Consulting 1, S. 29–33, 2008

Kemper, Hans-Georg; Finger, Ralf: "BI-Strategie und BI-Governance: Von den Unternehmenszielen zur optimalen BI-Unterstützung", 9. Europäische TDWI Konferenz Präsentation, 2009

Klein, Andreas; Pöppelbuß, Jens: "Business-IT-Alignment beherrschen", Information Management & Consulting 1, S. 22–28, 2008

Kütz, Martin: "Kennzahlen in der IT", dpunkt Verlag, S. 41–306, 2007

Larson, Deanne; Matney, Denise: "The Four Components of BI Governance", http://www.tdwi.org/research/display.aspx?ID=7208 (21.07. 2009)

Learned, Edmund.; Christensen, C. Roland; Andrews, Kenneth R.; Guth, William D.: "Business Policy: Text and Cases", R.D. Irwin, 1965

Lehner, Franz: "7.2 – Strategisches Informationsmanagement – Informatik-Strategien", Vorlesungsreihe Informationsmanagement von Prof. Dr. Franz Lehner, Kapitel 7.2, Universität Regensburg, 2001, http://www.bw.fh-deggendorf.de/kapitel1/kap72/72gliederung.htm (05.05.09)

Levinson, Meridith: "Recession Causes Rising IT Project Failure Rates", http://www.cio.com/article/495306/Recession_Causes_Rising_IT_Project_   Failure_Rates_ (28. 07.2009)

Luftman, Jerry N.; Lewis, Paul R.; Oldach, Scott H.: "Transforming the Enterprise: The Alignment of Business and

Information Technology Strategies", IBM System Journal 32(1), S. 198–221, 1993

Luftman, Jerry N.; Brier, Tom: "Achieving and Sustaining Business-IT Alignment", California Management Review, 42(1), S. 109–122, Fall 1999

Luftman, Jerry N.: "Assessing Business-IT Alignment Maturity", Communications of AIS 4(14), December 2000

Luftman, Jerry N.: "Competing in the Information Age: Align in the Sand", Oxford University Press, Second Edition, 2003

Luftman, Jerry N.: "Key Issues for IT Executives 2004", MIS Quarterly Executive 4(2), June 2005

Luftman, Jerry N.; Kempaiah, Rajkumar: "An Update on Business-IT Alignment: 'a line' has been drawn", MIS Quarterly Executive, 6(3), S.165–177, 2007

Maas, Rik: "A Generic Framework for Information Technology", Primavera Working Paper 99-03, 1999, http://imwww.fee.uva.nl/~maestro/PDF/99-03.pdf (13.05.2009)

Maas, Rik; Rijsenbrij, Daan; Truijens, Onno; Goedvolk, Hans:"Redefining Business – IT Alignment Through a Unified Framework", Proceedings of the Landelijk Architectuur Congres, Amsterdam, 2000, http://primavera.fee.uva.nl/PDFdocs/2000-19.pdf (06.05.2009)

Marriott Homepage, http://www.marriott.com/corporateinfo/default.mi (09.11.2009)

Masak, Dieter: "IT-Alignment", Springer, S. 162–197, 2006

Materna, Winfried: "Die IT ist das Business", Information Management & Consulting 23(1), S. 6–8, 2008

McAdams, Jennifer: "Seven Common Management Obstacles", 2006, http://www.computerworld.com/action/article.do?command=view   ArticleBasic& articleId=9005603, (02.04.2009)

Melville, Nigel; Kraemer, Kenneth; Gurbaxani, Vijai: "Information Technology and Organizational Performance: An Integrative Model of IT Business Value", MIS Quarterly 28(2), S. 283–322, 2004

Mertens, Peter: "Business Intelligence – Ein Überblick", Information Management & Consulting 17, S. 65–73, 2002 (Sonderausgabe)

Miller, Gloria J.; Bräutigam, Dagmar; Gerlach, Stefanie V.: "Business Intelligence Competency Centers", John Wiley & Sons, S. 1–14, 2006

Mintzberg, Henry: "The Strategy Concept I: Five Ps For Strategy", California Management Review 30(1), Fall 1987

Mintzberg, Henry; Ahlstrand, Bruce; Lampel, Joseph: "Strategy Safari. Eine Reise durch die Wildnis des strategischen Managements", Redline Wirtschaft, 2002

Nash, Elby M.: "Assessing IT as a Driver or Enabler of Transformation in the Pharmaceutical Industry Employing the Strategic Alignment Maturity Model" (Abstract), Doctoral Dissertation, Stevens Institute of Technology, 2005, http://gradworks.umi.com/32/23/3223514.html (24.05.2009)

Nickles, David W.: "IT-Business Alignment: What We Know that We Still Don't Know", Proceedings of the

7th Annual Conference of the Southern Association for Information Systems, 2004

Niederman, Fred; Brancheau, James C.; Wetherbe, James C.: "Information Systems Management Issues for the 1990s", MIS Quarterly 15(4), December 1991

Ohmae, Kenichi: "The Mind of the Strategist: The Art of Japanese Business", Mcgraw-Hill Professional, p. 82, 1991

Paulk, Mark C.; Weber, Charlie V.; Garcia, Suzanne M.; Chrissis, Mary B.; Bush, Marilyn: "Key Practices of the Capability Maturity Model^{SM}, Version 1.1", S. O1-O30, 1993

Porter, Michael E.: "Was Ist Strategie?" Harvard Businessmanager, S. 104–124, April 2008

Quarg, Sabine: "Vorlesung Strategisches Management – Studiengang Wirtschaftsinformatik SS 2007", Vorlesungsskript Fachhochschule Dortmund, Fachbereich Wirtschaftsinformatik, 2007

Radcliff, Deborah: "Aligning Marriott", http://www.computerworld.com/s/article/44339/_Aligning_Marriott (08.11.2009)

Reich, Blaize Horner; Benbasat, Izak: "Measuring the Linkage Between Business and Information Technology Objectives", MIS Quarterly 20(1), S. 55–81, 1996

Reich, Blaize Horner; Benbasat, Izak: "Measuring the Information Systems-Business Strategy Relationship", in: "Strategic Information Management" (Galliers, Robert; Leidner, Dorothy, eds.), Butterworth Heinemann, London, S. 265–310, 2003

Reich, Blaize Horner; Chan, Yolande E.: "IT Alignment: An Annotated Bibliography", Journal of Information Technology 22(4), S. 316–396, 2007

Remedy: "The IT/Business Alignment Cycle", White Paper of Remedy, 2003, http://www.thinkhdi.com/library/deliverfile.aspx?filecontentid=124 (09.06.2009)

Richter, Gérard; Lehmeyer, Oliver; Schott, Steffen: "IT-Business-Alignment erfolgreich umsetzen", Information Management & Consulting 1, S. 17–21, 2008

Ryan, Cynthia A.: "Sustainable Competitive Advantage Through Information Technology", http://dspace.mit.edu/handle/1721.1/9193 (11.11.2009)

SAS: "Business Intelligence Competency Centers", www.computerworld.com/pdfs/sas_free_wp.pdf (11.07.09)

Sabherwal, Rajiv; Chan, Yolande E.; Thatcher, Jason B.: "Antecedents and Outcomes of Strategic IS Alignment: An Empirical Investigation", IEEE Transactions on Engineering Management, 53(1), S. 27–47, February 2006

Schwab, Adolf: "Managementwissen für Ingenieure: Führung, Organisation, Existenzgründung", Springer, S. 417–452, 2008

Schewe, Gerhard: "Strategie und Struktur: eine Re-Analyse empirischer Befunde und Nicht-Befunde", Mohr Siebeck GmbH & Co. K, S. 26–28, 1998

Shaw, William: "IT Value Wake-Up Call", CIO, 18(17), S. 66–68, June 15, 2005

Simon, Hermann: "Was Ist Strategie?", Frankfurter Allgemeine Zeitung 05.05.2001

Smaczny, Tomasz: "Is an Alignment Between Business and Information Technology the Appropriate Paradigm To Manage IT in Today's Organisations?" Management Decision 39(10), S. 797–802, 2001

Smith, Heather A.; McKeen, James D.; Singh, Satyendra: "Developing Information Technology Strategy for Business Value", Journal of Information Technology Management, XVIII(1), 2007

Smits, Martin.; van der Poel; Ribbers, Piet.: "Information Strategy – Assessment of information strategies in insurance companies", in: Strategic Information Management (*Galliers, R. D.; Leidner, D. E.*), S. 64–87, 2003

Sommer, Thorsten.; Wendlandt, Birgit.; Trost, Uwe.; Zirkel, Martin.: "Business Intelligence-Strategie bei der Volkswagen AG", *in:* Integrierte Informationslogistik (*Dinter, Barbara ed.*), Springer, Berlin, S. 261–283, 2008

Sommer, Thorsten.: "Strategie des BI-Programms", *in:* 7. Europäische TDWI Konferenz 2008

Universität St. Gallen: "Glossar", Institut für Wirtschaftsinformatik, http://www.cciim.ch/glossar/begriffserlaeuterung/?type=0&uid=18&cHash=3b2517d277 (17.06.09)

Universität St. Gallen: "Kundenorientierteste Dienstleister", Institut für Versicherungswirtschaft, http://www.ivw.unisg.ch/org/ivw/web.nsf/wwwPubInhalteGer/Kundenorientierteste%20Dienstleister?open document (21.06.09)

Tallon, Paul P; Kraemer, Kenneth L.; Gurbaxani, Vijay: "Executives' Perceptions of the Business Value of Information Technology: A Process-Oriented Approach", Journal of Management Information Systems, 16(4), S. 145–173, Spring 2000

Tallon, Paul P.; Kraemer, Kenneth L.: "Investigating the Relationship Between Strategic Alignment and IT Business Value: The Discovery of a Paradox", Creating Business Value with Information Technology (Namchul Shin), IGI Publishing Hershey, PA, S. 1–22, 2003

Tallon, Paul P.: "A Process-Oriented Perspective on the Alignment of Information Technology and Business Strategy", Journal of Management Information Systems 24(3), S. 227–268, 2007

Teo, Thompson; Ang, James: "Critical Success Factors in the Alignment of IS Plans with Business Plans", International Journal of Information Management 19, S. 173–185, 1999

Teubner, Alexander: "IT/Business Alignment", Wirtschaftsinformatik 48(5), S. 368–371, Oktober 2006

Tinaikar, Ranjit; Craig, David; Kanakamedala, Kishore: "The Next Frontier in IT Strategy: A McKinsey Survey", McKinsey Quarterly Spring 2007, http://www. mckinsey.com/clientservice/bto/pointofview/pdf/MoIT11_ Survey_F.pdf

Tischendorf, Raymond; Habschied, Thomas: "Am Anfang war … der Geschäftsprozess oder die IT-Strategie?" Information Management & Consulting 17(10), S. 55–59, 2002 Sonderausgabe.

Totok, Andreas: "Entwicklung einer Business-Intelligence-Strategie", Analytische Informationssysteme (*Chamoni, Peter; Gluchowski, Peter*), Springer, S. 51–70, 2006

Trost, Uwe; Zirkel, Martin: "Wege aus dem Informationschaos", BI-Spektrum 03-2006, S. 16–19

Tzu, Sun: "The Art of War", Übersetztung: Griffith, Samuel; Back Cover, 1971

Unger, Carsten; Kemper, Hans-Georg: Organisatorische Rahmenbedingungen der Entwicklung und des Betriebs von Business Intelligence – Ergebnisse einer empirischen Studie, Universität Stuttgart, Stuttgart, 2008

von Clausewitz, Carl: "Vom Kriege", Zweites & Drittes Buch, 1832, http://gutenberg.spiegel.de/clausewz/krieg/inhalt.xml (19.04.09)

Venohr, Bernd: "Strategic Management – 1. Course Overview and Strategy Concept", Vorlesungsunterlagen Berlin School of Economics/Institute of Management, Berlin, 2007, http://www.berndvenohr.de/download/lehre/english/01_overview_strategy_concept.pdf, (04.05.2009)

Vierkom, Steffen: "Business Intelligence braucht Organisation", http://www.beyenetwork.de/view/9220 (01.12.2008)

Vierkorn, Steffen: "BI Strategie – Facetten und Herausforderungen", 7. Europäische TDWI-Konferenz München 2008, http://www. sigs.de/download/tdwi_08_Muc/BARC_T1_BI_Strategie_gesamt.pdf (20.07.2009)

Voloudakis, John: "Hitting a Moving Target: IT Strategy in a Real-Time World", EDUCAUSE Review 40(2), S. 44–55, (March/April) 2005

Volkswagen Aktiengesellschaft: "Kurzportrait – Der Volkswagen Konzern", http://www.volkswagenag.com/vwag/vwcorp/content/de/the_group/group_profile_and_structure.html (25.07.2009)

Walters, Bruce; Tang, Zaiyong: "IT-Enabled Strategic Management: Increasing Returns for the Organization", Idea Group Pub, S. 130–134, 2006

Wehmeyer, Kai: "Informationsmanagement im interaktiven Marketing", Arbeitspapier, 2004, http://www.wi.uni-muenster.de/wi/forschen/veroeff/AP_IM.pdf (12.05.09)

Wendler, Roy: "Reifegradmodelle für das IT-Projektmanagement", Dresdner Beiträge zur Wirtschaftsinformatik, Nr. 53, 2009, http://www.tu-dresden.de/wwwiisih/Wendler_2009_Reifegradmodelle.pdf (07.08.2009)

Wöhler, Barbara; Weise, Frank: "Eine BSC entwickeln – Eine Anleitung für professionelle Vorbereitung, Durchführung und nachhaltige Implementierung (Teil3)", Neues Verwaltungsmanagement 11/03, 2003

Weitzel, Tim; Beimborn, Daniel; Franke, Jochen, Wagner, Heinz-Theo: "Strategy Matters: The Role of Strategy Type for IT Business Value", Proceedings of the Twelfth Americas Conference on Information Systems, Acapulco, Mexico August 04th–06th, 2006

Wichelhaus, Daniel P.: "Strategische Steuerung und strategisches Contolling am Beispiel eines Krankenhauses", Themenworkshop, 2008, http://www.neues-kommunales-finanzmanagement.de/html/img/pool/Strategische_Steuerung_und_strategisches_Controlling_am_Beispiel_eines_Krankenhauses_-_HSHM.pdf (25.04.09)

Winter, Robert; Landert, Karl: "IT/Business Alignment als Managementherausforder-ung", Wirtschaftsinformatik 48(5), 309, Oktober 2006

Wonsok, Oh; Pinsonneault, Alain: "On the Assessment of the Strategic Value of Information Technologies: Conceptual and Analytical Approaches", MIS Quarterly, 31(2), 239–65, 2007

Wunder, Thomas: "Transnationale Strategien: Anwendungsorientierte Realisierung mit balanced Scorecards", Gabler, 2004

Zachman, John A.: "Business Systems Planning and Business Information Control Study: A Comparison", IBM Systems 21(1), S. 31–53, 1982

Zeid, Aiman: "Your BI Competency Center: A Blueprint for Successful Deployment", http://www.tdwi.org/Publications/BIJournal/display.aspx?ID=8131 (12.07.09)

Zimmermann, Mark: "Was ist eigentlich Business Intelligence?", Information Management & Consulting 22(4), S. 6–9, 2007

Index